_____ 드림

정리 습관의 힘

정리 습관의 힘

초판 1쇄 발행 2015년 10월 16일
초판 2쇄 발행 2015년 11월 16일

지은이 정경자

발행인 장상진
발행처 경향미디어
등록번호 제313-2002-477호
등록일자 2002년 1월 31일

주소 서울시 영등포구 양평동 2가 37-1번지 동아프라임밸리 507-508호
전화 1644-5613 | **팩스** 02) 304-5613

ⓒ 정경자

ISBN 978-89-6518-147-7 13320

· 값은 표지에 있습니다.
· 파본은 구입하신 서점에서 바꿔드립니다.

정리 습관의 힘

정경자 (한국정리수납협회 회장)
지음

경향미디어

Contents

c h a p t e r : 1
정리 안 된 공간을 마주하라

01 물건이 사람을 공격한다 / 018
- 공간도 변비에 걸린다
- 고인 물은 썩는다
- 정리가 안 되는 악순환에 빠진다

02 정리 못하는 이유는 많다 / 026
- 시간이 없어서 정리를 못한다?
- 정리에 대한 필요성을 모른다?
- 정리하는 방법을 모른다?

03 못 버리는 병도 있다 / 034
- 못 버리는 사람들
- 공간이 우울증을 만든다
- 결정 장애가 발목을 잡는다

04 공간의 주인은 사람이다 / 046
- 공간의 주인이 물건?
- 정리를 못하는 사람은 없다
- 정리를 잘하면 성공한다

C h a p t e r : 2
버림의 자유를 느껴라

01 공간도 다이어트가 필요하다 / 054
- 과부하기 걸린 공간
- 비워야 가벼워진다
- 버리는 게 시작이다

02 물건에도 유효기간이 있다 / 065
- 시기가 지난 책은 이만 안녕!
- 작아진 옷은 옷장 밖으로!
- 끝난 작업물은 퇴출!
- 보관 기간이 지난 음식물은 안 돼!

03 현명하게 버리면 된다 / 078
- 필요 없는 물건을 구별하라
- 공간별 버려야 할 물건을 선택하라
- 물건에 따라 버리는 법을 달리하라

04 편하게 살고 가볍게 간다 / 089
- 나이 들면서 정리할 버킷 리스트를 만들라
- 나 자신을 위한 정리를 하라
- 수의에는 주머니가 없다!

Chapter : 3
바르게 채워라

01 정리에도 정답은 있다 / 102
- 공간의 목적에 맞게 채워라
- 자주 쓰는 것과 아닌 것을 나눠라
- 같은 용도의 물건끼리 묶어라

02 바르게 채우면 시간을 번다 / 116
- 물건을 찾는 시간을 줄여라
- 물건을 정리하는 시간을 줄인다

03 잘 채우면 돈을 아낀다 / 124
- 필요 없는 물건을 사지 않는다
- 있는 것을 활용한다
- 물건답게 보관한다

04 똑똑하게 채우면 일이 잘 된다 / 137
- 사무실 내 공간을 정리하라
- 함께 쓰는 공간을 정리하라
- 정리는 배려다

Chapter : 4
나눔의 행복을 누려라

01 쓰레기와 보물을 나눈다 / 150
- 버리지 말고 나누자
- 나눔? 기부? 봉사?
- 쓰레기는 쓰레기통에, 보물은 나눔 박스에

02 물건이 쓰레기가 되지 않게 한다 / 160
- 우리가 만드는 쓰레기는?
- 정리로 줄이는 쓰레기 하나: 현명하게 쓰기
- 정리로 줄이는 쓰레기 둘: 중고 활용하기
- 정리로 줄이는 쓰레기 셋: 나누기
- 정리로 줄이는 쓰레기 넷: 함께 쓰기

03 나누면 행복하다 / 173
- 나눔을 실천하는 이웃들
- 나눔을 실천한 우리 선조들
- 나눔에는 힘이 있다

04 생각이 바뀌면 생활이 바뀐다 / 179
- 마음을 풍요롭게 하는 나눔의 힘
- 질서를 만들어주는 정리의 힘

05 봉사를 실천하는 '콩알' / 184
- '콩알'에는 4가지 표준이 있다

Chapter : 5
정리의 힘을 믿어라

01 정리로 스트레스를 줄인다 / 192
- 정리는 노동이 아니다
- 정리의 목적은 정리가 아니다
- 머릿속을 청소해야 정리다
- 마음속을 정화해야 정리다

02 정리에는 단계와 원칙이 있다 / 203
- 5단계로 정리한다
- 5원칙에 따라 정리한다

03 정리는 습관이다 / 212
- 정리하면 마음이 가벼워진다
- 문제를 해결하는 정리
- 인생을 변화시키는 정리
- 세 살 버릇 여든까지 간다

04 정리, 직업이 되다 / 224
- 공간은 생기는 것이 아니라 만드는 것
- 정리에도 전문가가 있다
- 정리 컨설턴트란
- 수납 컨설턴트란

Prologue

공간의 주인은 사람이다. 그런데 어느 때부터인지 공간의 주인인 사람이 물건에 치여 생활이 불편하게 되고 스트레스가 쌓이기 시작했다. 사람에게 필요한 물건들이 이제는 사람을 힘들게 만드는 주범이 된 것이다. 자동차 열쇠를 매일 같은 자리에 놓는다면 외출했다 집에 돌아와 열쇠를 찾는데 시간을 낭비하지 않아도 되고 자동차 열쇠를 새로 구입하느라 비용을 지출하지 않아도 된다. 물건이 늘 같은 장소에 놓여 있다면 굳이 기억해 내려고 노력하지 않아도 된다는 것이다. 우리의 뇌는 올바르지 않은 정리수납 습관으로 매일 기억해 내야 하는 과부하에 걸려 있다. 숟가락과 젓가락을 못 찾아 헤매는 사람은 없다. 아침에 일어나 칫솔을 못 찾는 사람도 없다. 늘 같은 자리에 있기 때문이다. 이처럼 장소가 정해진 물건들은 어디에 두었는지 찾을 필요가 없다. 반면 특정한 자리가 정해지지 않은 각종 리모컨이나 차 열쇠는 놓아는 곳을 몰라 자주 찾곤 한다. 왜냐하면 리모컨은 가족이 함께 사용하기도 하고 사용한 사람이 거실의 소파 위에다 놓을 때도 있고 안방으로 들고 들어가 화장대 위에 놓는 경우도 있기 때문이다. 공장에서도 마찬가지다. 여러 명이 공동으로 사용하는 공구를 누군가 사용하고 제자리에 놓지 않았다면 다음에 사용해야 하는 사람은 공구를 찾느라 애를 먹을 것이고 업무의 효율도 떨어질 것이다. 요즘 사람들이 평균적으로 소유하고 있는 물건의 숫자는 과거에 비해 엄청나게 많아졌기 때문에 그 물건으로부터 공격 아닌 공격을 받고 있다.

내가 어렸을 때는 언니가 입었던 옷을 물려 입고, 오빠가 쓰던 물건들을 써야 하는 것이 늘 불만이었다. 새 것을 갖고 싶어도 형편이 넉넉하지 않았기 때문에 그리 간단한 문제가 아니었다. 생각해 보면 예전에는 물건이 많아 정리를 해야 하는 상황이 아니라 어떻게 해서든지 물건을 사거나 얻어서라도 채워 넣는 것이 시급했을 것이다. 그래서 필요 없는 것을 버리라는 말보다 '아껴 써라, 남기지 마라, 절약해라' 하는 말을 더 많이 들으며 자랐다. 정리는 습관인데 어렸을 때부터 버리지 말고 아껴 써야 한다는 말을 귀에 못이 박히게 들어온 나는 어렸을 때부터 이미 버리지 못하는 병을 가지고 있었는지 모른다. 습관이라는 것이 참 무섭다. 지금은 그때만큼 어렵지도 않고 원하면 언제든지 살 수 있는 형편이 되었는데도 역시 버리지 못하는 병은 고쳐지지 않고 있으니 말이다. 차이는 있겠지만 대부분의 사람들이 이런 병을 가지고 있을 것이다. 이 버리지 못하는 병 때문에 옷장도, 주방도, 책상 서랍도, 업무를 해야 하는 사무실 공간까지도 필요하지 않은 물건들로 난장판이 되어 있고 그 불편함을 감수하며 살고 있다.

  정리하는 습관을 기르기 위해서는 물건이 어디 있는지 기억하려고 하지 말고 환경을 변화시키면 된다. 환경을 시스템화하라는 말이다. 아파트 단지마다 우리 집의 동, 호수가 정해져 있어서 우리 가족들은 아침에 외출했다가 저녁이 되면 다 같은 곳으로 모이게 된다. 우리 집이 어디인지 헤매는 경우는 없다. 숟가락이 늘 숟가락통에 놓여 있듯이 우리 집에 있는 모든 물품들이 놓여 있어야 할 그 물품만의 특정한 장소를 정해주고 유지하면 된다. 그 많은 물건들의 장소를 정하는 것이 처음에는 힘들고 시간이 많이 걸리겠지만 그 효과는 상상 이상이다. 정리수납에 왕도는 없다. 잘 못하는 사람도 속옷 서랍부터 시작하면 된다. 같은 행동을 반복하면 습관이 되듯 정리수납은 바른 행동을 반복해서 물건이 섞이거나 쌓이지 않게 만들면 되는 것이다. 따라서 '나는 원래 정리수납을 못해'라고 하는 것은 잘못된 표현이다. 단지 습관이 되지 않았을 뿐이다.

  "정리수납에도 전문가가 있나요?"

  내 명함을 보면서 의아해하는 사람들이 있다. 정리정돈은 그냥 아무나, 언제나 하는 것이 아니냐는 듯한 표정이다. 누구도 내가 사는 집의 물건을 다른 사람이 정리해주거나 월급 받고 일하는 직원들이 근무하는 사무실을 돈 주고 남에게 정리수납 서비스를 맡겨야 한다고 생각하지 못하는 것 같다. 선진국에서는 이미 오래전부터 일반화된 직업이지만 우리나라에서는 2011년 한국정리수납협회(www.kapo100.org)를 처음 설립해 정리수납 전문가를 양성하고 고용을 창출하면서 2015년 한국직업사전에 새로운 직업으로 등록되었으니 그리 생각할 만도 하다. 내 물건을 내가 정리하며 살아야 하는데 이제는 모두가 바쁘다는 이유로, 정리수납을 못한다는 핑계로 전문가의 도움을 받는다. 하지만 모든 사람들이 정리수납에 있어서 반드시 전문가의 도움을 받아야 하는 것은 아니다. 정리수납을 통해 얻을 수 있는 시간, 공간 그리고 사람간의 원만한 관계 형성을 생각한다면 바쁘다는 핑계로 계속 미루어야 할 일이 아니라는 것만은 분명하다.

사람들은 간혹 한국정리수납협회 회장님 집은 어떻게 정리되어 있는지 방문해 보고 싶다고 한다. 아마도 내가 정리수납을 아주 잘해 놓고 살고 있을 것이라는 기대를 가지고 있는 것 같다. 그럴 때마다 나는 이렇게 얘기한다. "우리 집이라고 해서 요술을 부린 것 같이 정리수납이 되어 있지는 않아요. 시스템 정리수납이 되어 있을 뿐이에요. 언제나, 누구나 원하는 물건을 찾을 수 있고 편리히게 사용할 수 있게 되어 있어요"라고 말이다. 그래도 방문해 보고 싶다는 표정은 여전하다. 정리수납은 깨끗함과 반듯함보다는 편리함과 공간의 활용이 더 중요하다. 일반적으로 사람들은 정리수납을 하는데 가장 중요한 것이 '버리는 것'이라고 말한다. 하지만 물건을 버리는 것이 그리 쉽지는 않다. 아깝다는 생각, 버리고 나면 꼭 쓸 일이 생길 것 같다는 생각, 무엇보다 물건을 버리는 것에 대한 죄책감이 오늘도 또 물건을 쌓아 놓게 만든다. 물건을 편하게 버리려면 이러한 생각들이 들지 않게 내 생각의 정리와 생활 습관을 바꾸는 것이 먼저이다.

정리를 잘한다는 것은 물건의 가치판단을 잘할 수 있느냐, 그렇지 않느냐에 달려 있다. 이 물건을 내가 가지고 있을 때 가치가 있는지, 아니면 다른 사람에게 주는 것이 더 가치가 있는지를 따져 보면 물건을 내놓기가 훨씬 쉬워진다. 아이가 대학생인데 아직도 아이가 어렸을 적 가지고 놀던 장난감을 버리지 못하고 있거나, 시집올 때 해온 혼수 이불을 사용하지도 않으면서 이불장에 쌓아 놓고 있지는 않은지 지금 바로 확인해 보기를 바란다.

얼마 전 정리수납 강의 중에 왜 정리수납을 배우고 싶으냐는 나의 질문에 60이 조금 넘은 분이 이렇게 말씀하셨다. "우리 집 옷장이 토해요." 옷장을 정리수납하고 나서 문을 닫으면 조금 있다 옷장 문이 열리면서 옷장에 있던 옷들이 쏟아져 나온다는 것이다. 그 얘기를 듣고 옆에 있던 분이 "우리 집 냉장고도 토해요."라며 맞장구를 쳤다. 많은 사람들이 경험했거나 공감이 가는 얘기다. 이렇듯 우리는 늘 정리수납을 하지만 다시 흐트러지는 공간을 보면서 나는 정리수납을 못하는 사람이라고 단정 지으며 다시 시도해 보려고 하지 않는다.

정리수납을 원래 못하는 사람은 없다. 단지 정리수납의 기본 원칙과 방법을 모르고 그때그때마다 주먹구구식으로 정리하려고 하다 보니 힘은 힘대로 들고, 해도 해도 끝이 없다 생각하게 되고, 해도 티도 안 난다고 생각하게 되면서 정리수납은 나와 거리가 멀다고 단정 짓게 되는 경우가 많다. 정리수납은 계절이 바뀌거나 이사가 결정되면 특정한 날을 잡아 하는 것이 아니라 일상생활의 한 부분으로 습관처럼 매일매일 해야 하는 것이다.

버림, 버림의 자유
채움, 바르게 채움
나눔, 나눔의 행복

우리가 살면서 버림, 채움, 나눔을 잘 실천한다면 공간은 넓게, 생활은 편리하게 될 것이다. 필요하지 않은 물건을 버림으로 자유로울 수 있고, 남겨진 필요한 물건은 창고에 보관 물품을 쌓아 놓듯이 채우는 것이 아니라 사용하기 편리하게 채워져야 한다. 필요하지 않은 물건은 버리고 필요한 물건은 바르게 채워야 한다. 사무실 책상 서랍, 냉장고, 옷장, 신발장 등 모든 공간에 물건이 채워져 있기는 하지만 바르게 채워지지 않음으로 인해 우리는 좁은 공간에서 힘들게 생활하고 있다. 나에게 필요하지 않은 물건을 우리 집 밖으로 내놓기만 해도 우리는 나눔을 실천하는 것이다. 입지 않는 옷, 읽지 않는 책, 아이가 자라 이제는 가지고 놀지 않는 장난감 등은 나에게는 골치 아픈 잡동사니가 되어버렸지만 남에게는 꼭 필요한 물건이며 돈 주고 사야 하는 소중한 것일 수 있다.

정리수납을 못한다고 스스로 생각하고 있는 사람들에게 들려주고 싶은 이야기들을 이 책을 통해 함께 공유하고자 한다. 시간이 없는 사람들은 시간이 생겨 여유가 생기게 되면, 정리수납 방법을 몰라 못했던 사람이 그 방법을 알게 되면 정리는 알아서 잘할 수 있을 거라 착각하는 경우가 많다. 시간이 생기고 방법을 알게 되었다고 해서 내 공간이 정리되는 것은 아니다. 물건이 정리되기 전에 내 생각의 정리가 먼저 필요하다. 내 주변 환경이 복잡하게 흐트러져 있다면 물건을 정리하기 전에 내 머릿속을 먼저 정리해 보는 것이 좋다.

나는 요즘 아이들을 위한 방과후정리지도사를 양성해 유치원생, 초·중·고등학생들을 위한 정리 습관 자기주도학습 프로그램을 개발하고 있다. 생각 정리, 시간 정리, 공간 정리를 통해 아이들이 스스로 자기의 생활을 정리하고 계획하고 실행할 수 있도록 습관화하는 것이 중요하다고 생각하기 때문이다. 정리수납은 학습으로 배우는 것이 아니라 일상생활에서 습관이 되어 힘 들이지 않고 해야 하는 것이다. 정리수납이 힘들고 어렵다고 느낀다면 오늘부터라도 외출 후 돌아와서 옷을 벗은 다음 바로 제자리를 찾아주는 것을 습관화해 보기 바란다. 정리수납이 어려운 것이 아니라 '나중에 해야지' 하고 미루는 나의 생각이 생활을 어렵게, 공간을 복잡하게 만드는 것이다.

'고기도 먹어 본 사람이 먹는다'는 말이 있듯이 정리수납 후의 넓어진 공간과 편리해진 생활을 경험해 본다면 앞으로의 삶은 달라질 것이다. 우리의 시간과 돈을 물건을 구입하고 소유하는 데 사용하지 말고 경험하는 데 사용하기를 바란다. 오랫동안 물건을 사들이는 데 많은 시간과 돈을 소비했다면 이제 그 물건을 어떻게 활용하고 다른 사람들과 나눌 것인지를 생각하고 그 나눔을 경험해 보자. 그러면 우리의 인생은 달라질 것이다.

가끔 기업체를 방문했을 때 내가 가장 먼저 보는 것이 직원들의 책상 정리와 사무실의 정리수납 상태이다. 책상과 서류가 잘 정리되어 있는 직원도 있고, 그렇지 않은 직원도 있는데 대표님께 물어보면 대부분 정리수납이 잘 되어 있는 직원이 업무 효율도 높다고 한다. 정리수납은 생활의 편리성만 주는 것이 아니라 업무의 효율성을 높여 매출 증가에도 영향을 미친다. 나는 가방이나 지갑의 정리 상태만 보고도 그 사람의 업무 능력을 가늠할 수 있다. 명함을 주고받을 때 명함을 꺼내는 데 시간이 오래 걸리거나 자동차 열쇠를 찾을 때 가방을 거꾸로 뒤집어야 겨우 찾아내는 사람을 가끔 본다. 그런 사람하고는 비즈니스를 하고 싶은 생각이 없어진다.

정리수납이 필요하다고 느끼거나 생각해 본 적이 있다면 이제 시작해 보자. 시간이 없다면 시간을 만들어야 하고 버리기 아깝다면 기간을 정해 놓고 사용하려고 노력해야 한다. 그 기간 동안 사용하지 않았다면 버려도 된다고 스스로를 설득해야 한다. 한 번에 완벽하게 하려고 하지 않아도 된다. 한 번에 완벽하게 끝내려고 계획했다면 그것은 분명 정리수납이 노동인 것이 되므로 금세 지치기 마련이다. 그리고 한 번에 다 끝내지 못했을 경우 나는 역시 정리수납은 안 된다고 포기하게 된다. 정리수납을 하기 전에 나의 시간과 체력 그리고 정리수납 능력을 고려하여 조금씩 실행해야 한다.

나는 이 책이 물건의 정리뿐 아니라 각자가 살아온 만큼의 인생을 정리해 보는 기회가 될 것이라 확신한다. 또한 주변 환경을 단순화하고 표준화하여 정리수납 시스템을 구축함으로써 제2의 인생을 설계할 수 있는 좋은 기회가 될 것이다. 정리를 못하는 사람에게는 정리를 시작할 수 있는 출발점이 되고, 현재 정리를 잘하고 있고 좋아하는 사람에게는 체계적인 교육을 통해 자격증도 취득하고 정리수납 전문가로서 경제활동을 시작할 수 있는 기회가 되었으면 한다. 무엇보다 현재 정리수납 전문가로 활동하고 있는 사람들에게는 시스템 정리수납 컨설팅 사업에 대한 비전을 가지고 창업에 도전해 볼 수 있는 계기가 되기를 바란다. 정리수납 전문가로 제2의 인생을 꿈꾸는 많은 사람들에게 이 책이 도움 되길 바란다.

그동안 정리수납의 필요성과 습관에 관한 내용은 강의를 통해 많은 사람들과 얘기를 나누고 정보를 공유해 왔다. 정리수납을 잘 하기 위해서는 어떤 한 가지 영역과 능력이 요구되는 것이 아니다. 복잡하고 어렵다고 생각한 정리수납도 결국 물건을 분류하고 필요한 것과 필요하지 않은 것을 선택해서 필요한 것을 바르게 채워 놓고 사용하는 것을 습관화하면 된다.

끝으로 강의와 업무로 인해 시간도 없고 글을 쓸 마음의 여유를 갖지 못하고 있을 때 언제나 내려와 글을 쓰라며 집을 내어주신 제주도 애월읍 강효생 할머니께 감사드린다. 또한 학교 졸업 후 이렇게 열심히 공부해 본 적이 없다며 자격증 취득 후에도 열심히 봉사하고 정리수납 전문가로 최선을 다하는 한국정리수납협회 회원들께 진심으로 감사드리며 무엇보다 늘 자리를 많이 비우는 사장 대신 각자의 맡은 일에 충실히 임해주는 ㈜덤인 직원들에게 감사와 사랑의 마음을 전한다.

서연徐沿 정경자

01

물건이
사람을
공격한다

옷장을 열었더니 와르르 쏟아지는 이불들, 잡동사니에 걸려 열리지 않는 서랍, 잔뜩 어질러져서 일할 마음을 뚝 떨어뜨리는 책상. 하루에도 몇 번씩 사람들은 물건에 치이고 또 지친다. 냉장고 문을 연 순간 꽁꽁 얼어 있는 비닐봉투가 떨어져 발등을 찍혀 본 경험이 있을 것이다. 물건이 사람을 공격하려고 한 것은 아니지만 가끔은 물건으로부터 공격을 받는다. 물건이 주인이 되어버린 공간은 더 이상 사람에게 편안히 쉴 수 있는 가정도, 열정적으로 일할 수 있는 사무실도, 열심히 공부할 수 있는 학교도 되어주지 못한다. 이제 물건이 주인이 되어버린 공간을 마주하자. 제대로 보아야 문제가 무엇인지, 해결책이 무엇인지 알 수 있다.

공간도 변비에 걸린다

집에 들어갔는데도 어질러진 옷들 때문에 편하게 누울 공간이 없다면? 급하게 찾아야 할 서류가 있는데 산처럼 쌓인 서류더미 속에서 어떻게 찾아야 할지 난감하다면? 책상 위를 잔뜩 덮고 있는 잡동사니 때문에 공부할 마음이 뚝 떨어진다면? 그 공간은 집으로서도, 사무실로서도, 공부방으로서도 제대로 된 역할을 못한다고 봐야 한다. 정리가 제대로 안 된 공간이기 때문이다.

정리 그까짓 거 살다 보면 하는 방법이 저절로 늘게 되어 있다고 생각하는 사람이 있다면 안타깝지만 '절대 아니다'라고 말해주고 싶다. 정리수납 강의를 듣는 수강생 중에 예비 시어머니와 예비 며느리가 함께 교육을 받은 적이 있다. 시어머니 말씀이 며느리를 맞이해야 하는데 정리수납을 잘 못해 창피하기도 하고 며느리에게 가르쳐주고 싶기도 해서 수강하려고 했더니 예비 며느리도 자기도 그렇다며 어머니와 함께 배우고 싶다고 해서 두 사람이 같이 오게 되었다는 것이다. 살림을 오래 했다고 해서 정리수납을 잘하는 것은 아니다. 주부 경력이 오래된 사람들도 "물건이 많은데 어떻게 정리해야 할지 모르겠어요"라고 하소연하는 경우가 많다. 물건에 치여서 살림을 하고 살면서도 정리는 엄두도 못 내고 있는 것이다.

우리가 어렸을 때부터 늘 듣던 말 중에 하나가 '정리정돈 좀 해라'였다. 정리는 무엇이고 정돈은 무엇일까? 정리란 내게 필요한 것과 필요하지 않은 것을 구분하는 것이고, 필요하지 않은 것은 공간에서 빼내는 것이다. 정돈이란 필요하지 않은 것을 버렸다면 필요한 물건의 제자리를 찾아 사용하기 편리하게 수납하는 것을 말한다. 그렇다면 정리와 정돈 중에 무엇이 더 중요할까? 물론 둘 다 중요하기는 하지만 무엇보다 정리가 되어야 정돈이 쉽게 이루어질 수 있다. 그런데 이러한 정리가 제대로 되지 않으면 공간도 아플 수밖에 없다. 쉽게 말해 공간도 변비에 걸릴 수 있다는 것이다. 읽지 않는 책들이 산더미처럼 쌓여 있고, 처리한 서류와 처리해야 할 서류들이 뒤섞여 일의 진행을 더디게 하고, 필요한 물건이 어디 있는지도 몰라 또 새로 사야 하는 일이 끊임없이 반복되는 것이다.

  사람도 변비에 걸려 배변 활동이 제대로 안 되면 답답하고, 몸이 불편하고, 신경이 날카로워지듯이 공간도 물건이 쌓여 변비에 걸리면 똑같이 문제가 발생한다. 물건이 들어오기만 하고 나가지 않는다면 내가 머무르고 있는 공간도 변비에 걸린 곳이 있을 것이다. 이러한 문제를 해결하기 위해서는 먼저 문제점이 무엇인지, 정리가 안 되는 공간은 어디인지를 객관적으로 살펴야 한다. 어디가 문제인지를 모르면 어디를 어떻게 정리해야 하는지 몰라 시간이 흘러도 정리는 안 되고, 공간 역시 변비 걸린 상태로 점점 상태는 악화될 수밖에 없기 때문이다.

고인 물은 썩는다

졸졸졸 흘러가는 개울물은 아래로 흘러가 강을 만나고 바다를 만난다. 하지만 가만히 고여 있어 흐르지 않는 물은 움직임이 없으니 안타깝게도 썩게 마련이다. 물건도 이와 마찬가지다. 책은 책장을 넘겨가면서 읽어야 하고, 그릇은 반짝반짝 닦아서 음식을 담아야 한다. 신발은 계절에 맞게 신어야 한다. 그래야 비로소 물건이 가진 가치를 드러내고 쓸 수 있는 것이다. 그러지 않고 쌓아만 두고 사용하지 않는다면 먼지만 쌓이다가 나중에는 귀찮은 애물단지로 변해버리는 것이 물건이다.

실제로 정리정돈이 안 된다고 하소연하는 사람들의 집이나 사무실을 가 보면 물건이 쌓여 있는 경우가 많다. 그러고는 정리를 하다 "이런! 우리 아이 신발 여기 있는 줄도 모르고 신발 또 샀네……", "어머? 이 그릇이 여기 있었네?", "이 옷이 필요했는데 여기 있을 줄은 몰랐어요"라며 안타까워하거나 놀라는 경우를 종종 본다. 하지만 이미 신발은 아이가 신을 수 없을 정도로 작아져서 쓸 수 없게 되었고, 그릇은 취향이 달라져 더 이상 그 그릇을 좋아하지 않게 되었고, 옷

▲ 신발이 넘쳐나는 신발장

은 유행이 지나 입을 수가 없게 되어 안타깝지만 버려질 수밖에 없는 것이다.

그렇다면 물이 썩지 않도록 하려면 어떻게 해야 할까? 답은 간단하다. 물이 졸졸 흘러갈 수 있도록 공간을 만들어주면 된다. 물건도 마찬가지다. 물건이 애물단지처럼 쌓여 있지 않게 하려면, 물건이 어디 있는지 몰라 묵혀두지 않으려면 물건 역시 들어가고 나갈 수 있는 공간을 만들어주면 된다. 빈틈없이 꽉꽉 들어찬 신발장에서 슬리퍼 하나를 찾는 것은 쉽지 않은 일이고, 손가락 하나 들어갈 틈이 없게 꽉꽉 채워진 냉장고에서 고춧가루를 찾는 것은 생각보다 만만치 않은 일이다. 물건을 찾을 수 있도록 하기 위해서는 여분의 공간이 있어야 한다. 그래야 제대로 물건이 자리 잡을 수 있기 때문이다.

물건에 여분의 공간이 있어야 된다고 말하면 "뭐? 그럼 수납장을 더 사면 돼!"라며 여분의 공간을 만들기 위해서 더 큰 신발장, 더 큰 냉장고, 더 큰 옷장을 사는 경우를 주위에서 흔히 볼 수 있다. 하지만 이런 경우 얼마 지나지 않아 새로 산 신발장, 냉장고, 옷장도 꽉꽉 차 똑같은 일이 되풀이되고 만다. 우리 집에 냉장고가 처음 생겼을 때 나는 초등학생이었다. 그것도 지금처럼 큰 냉장고가 아니라 위 칸은 냉동실, 아래 칸은 냉장실로 나눠진 지금 생각해 보면 아주 작은 냉장고였다. 그럼에도 불구하고 일곱 명의 가족들이 사용하기에 그리 불편하지 않았다. 오히려 신기하고 편리하기만 했다. 요즘 일반 가정에서 사용하는 냉장고, 김치냉장고, 냉동고 등은 용량이 커지고 그 수도 늘었지만 사람들은 늘 냉장고가 부족하다고 생각한다. 냉장고가 작다고 해서, 우리 집이 좁다고 해서 더 큰 것으로, 더 큰 평수로 옮겨야 하는 것은 아니다. 공간의 크기보다 공간 활용을 얼마나 잘하고 있는지를 살펴보자. 결국 공간을 늘리기보다 물건을 줄여야 한다. 쌓아만 두는 것이 능사는 아니다.

정리가 안 되는 악순환에 빠진다

살림은 해도 해도 끝이 없고, 해도 표가 나지 않는다고 주부들은 말한다. 그런 사람들이 사는 집에 "정리수납 전문가를 하루만 보내면 살림에 표가 날까요? 안 날까요?"라고 하면 "당연히 표가 나겠죠"라고 대답한다. 해도 또 흐트러질 것을 염려해 굳이 해야 한다는 생각을 하지 않고 사는 것이다.

실제로 우리나라는 물론 이웃나라 일본에서도 물건을 넘어 쓰레기로 뒤덮인 집에서 살고 있는 사람들이 많아 사회적으로 큰 문제가 되고 있다. 2014년 5월에는 서울 50대 여성의 집에서 무려 3톤가량의 쓰레기가 나오기도 했고, 쓰레기 집에서 나는 악취와 해충으로 인한 민원이 끊이지 않고 있다고 한다. 실제 일본의 경제

사회종합연구소의 2011년 실태조사에 따르면 일본 내에서 약 1만 2,000명가량이 물건 따위를 치우지 않고 무기력 상태에 빠진 '자기 방임' 상태라고 밝혔다.

스스로 무엇이 문제인지도 알지 못하고 무엇이 잘못되었는지도 알지 못하면 결국은 정리가 안 되는 악순환에 빠질 수밖에 없다. 지저분한 집에 살고 있다면 조금 정리해서는 표가 잘 나지 않는다. 그러면 대개 사람들은 '에이, 치우나 안 치우나 똑같네' 하는 생각이 들어 '그럼 귀찮고 힘도 드는데 치우지 말아야지'라는 마음을 먹게 되는 것이다. 이렇게 되면 집은 개선의 여지없이 점점 더 지저분한 집이 된다.

이러한 악순환의 고리를 끊으려면 우리 집, 우리 사무실, 내가 있는 공간이 정리가 안 되는 이유를 먼저 알아야 한다. '아는 게 힘'이라는 격언처럼 정리정돈을 할 때도 아는 게 힘이 되기 때문

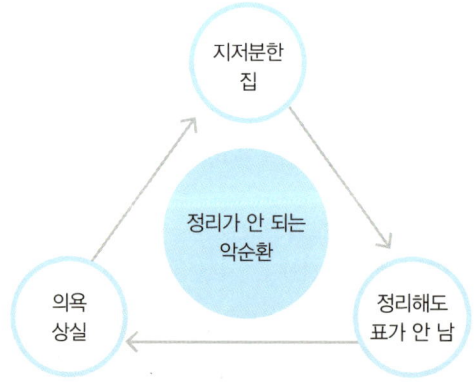

이다. 자신의 집에 물건이 쌓여 있는지 아닌지도 모르고, 자신의 사무실이 엉망인지 아닌지도 모르면 정리정돈을 할 필요성조차 느끼지 못한다. 따라서 정리가 안 되는 공간을 마주하고 정리가 안 되어서 어떤 점이 불편한지를 객관적으로 생각해 봐야 한다. 문제가 무엇인지를 정확히 알아야 문제를 해결할 수 있다는 점을 잊어서는 안 된다.

> **TIP**
>
> **집에서 비극을 맞은 콜리어 형제**
>
> 1947년 3월 22일자 「데일리뉴스」는 '쓰레기 궁전'이라는 제목으로 신문기사를 실었고 뉴욕 콜리어 형제의 쓰레기로 가득한 집은 화제가 되었다. 뉴욕시 경찰은 아파트에 거주하는 주민들의 신고를 받았는데, 건물에서 나는 지독한 악취에 견딜 수 없다는 내용이었다. 경찰은 악취가 나는 아파트를 찾아갔고 오랫동안 주인이 나오기를 기다렸지만 주인을 만날 수 없었다. 결국 경찰은 유리창을 깨고 집 내부로 진입하는 데 성공했다. 하지만 집 안으로 들어가는 것은 만만치 않은 일이었다. 이 집의 주인인 콜리어 형제는 온갖 잡동사니를 모아 집에 쌓아두었는데, 켜켜이 쌓은 물건과 쓰레기들이 악취를 내고 있었던 것이다. 이 집에서 나온 쓰레기만 약 136톤이었고, 이 쓰레기를 모조리 집 밖으로 꺼내는 데에만 무려 3주가 걸릴 정도였디. 그런데 더 비극인 것은 이 집에서 사는 사람들인 콜리어 형제가 결코 행복하지 못했다는 것이다. 안타깝게도 쓰레기를 정리하던 사람들은 집 안에서 굶주린 채로 죽은 형과 쓰레기에 깔려 죽은 동생을 발견하였다. 그 후 뉴욕의 부모님들은 정리를 안 하는 아이들에게 "방을 깨끗이 청소하지 않으면 콜리어 형제처럼 되고 말거야"라고 한다고 한다.

02
정리 못하는 이유는 많다

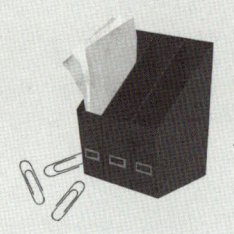
너저분하게 연필과 지우개가 다 꺼내져 있고 책과 잡동사니가 섞여 있는 아이의 책상을 보면 한숨부터 나온다. "어휴, 책상 꼴이 이게 뭐니? 이래서 공부가 되겠어? 어서 정리 좀 해!" 큰 소리를 치지만 막상 자신의 주방, 자신의 사무실도 정리가 잘 되어 있지 않은 사람도 많다. "요즘 너무 바빠서요"라고 얼버무리지만 이것은 핑계일 뿐이다. 물론 '핑계 없는 무덤 없다'는 속담처럼 이유가 없는 일은 없다. 정리 못하는 사람에게도 역시 각각의 이유는 있게 마련이다. 어떤 이유들이 정리를 하려는 우리의 발목을 잡고 있는지 알아보고 그 이유들을 하나씩 없애 보자.

시간이 없어서 정리를 못한다?

20대 후반의 직장인인 K양은 하루 종일 엄청 바쁘다. 아침 6시 30분에 일어나서 집을 나와 근처 헬스클럽에서 1시간 정도 운동을 한다. 운동이 끝나면 씻고 나와 회사로 가는데 이때 근처 편의점에 들러 간단한 아침 식사거리를 사는 것도 잊지 말아야 한다. 40분 정도 지하철을 타고 회사에 도착하면 잠깐 커피를 마신 뒤 본격적으로 일을 하기 시작한다. 취업하기 힘든 때에 들어온 회사라 K양은 누구보다 회사 일에 최선을 다하고 있다. 저녁 8시가 다 되면 그때서야 업무를 마감하는 K양은 저녁을 먹는 둥 마는 둥 하고 회사 근처 영어 학원으로 향한다. 회사에서 좋은 점수를 받으려면 영어 성적이 좋아야 한다는 선배들의 조언에 몇 달 전에 등록한 영어 학원이었다. 학원이 끝나는 시간은 10시. 지친 몸을 이끌고 집으로 가면 11시가 다 되어가는 게 K양의 요즘 일과이다. 때문에 집에 가면 K양은 쓰러져 자기에 바쁘다.

이런 K양에게 깨끗하게

정리 못하는 사람들의 일반적인 변명

- "언젠가는 필요할 것 같아서 버릴 수가 없어요."
- "어머, 보기에는 이래도 제게는 너무 소중한 물건이라고요. 그런데 어떻게 정리해요!"
- "이게 얼마나 비싼 건데요."
- "제가 요즘 시간이 없어서요."
- "정리를 꼭 해야 해요? 전 크게 불편하지 않은데요?"

정리된 집은 꿈속의 이야기와 같다. "정리요? 저도 하고 싶죠. 그런데 너무 바빠요. 밥 먹을 시간도 제대로 없는 걸요" K양은 자신의 하루 일과를 얘기해주며 정리할 시간이 없다고 말한다. 하지만 K양이 살고 있는 공간은 정리가 무엇보다 시급하다. 출근할 때마다 옷장을 열고 뒤진 결과 엉망이 되어버린 옷가지들과 제대로 개어두지 않아 방바닥에 그대로 널려 있는 이불, 뜯긴 택배 박스와 책이 뒤섞여 있는 책상까지……. 이 속에서 K양은 쉬어도 제대로 쉬지 못하고 있었던 것이다. 따라서 시간이 없어도 정리할 시간을 만들어야 한다. 그게 단 1시간이든 30분이든 말이다. 생각보다 정리하는 데 시간이 많이 걸리지는 않는다.

　정리를 못하고 있는 사람들 중 많은 사람들이 시간이 없다는 것을 정리 못하는 이유로 삼는다. 사람들이 공통적으로 말하는 변명이 바로 너무 바쁘다는 것이다. "일하고 오면 벌써 저녁인데 정리를 언제 해요?", "공부할 시간도 없어요. 너무 바빠요"라며 모두가 시간이 없어서 정리를 못한다고 말한다. 이런 사람들에게는 우선 공간의 여유를 찾는 것을 가장 먼저 해야 할 일로 제안한다. 정리를 하려면 공간에 여유가 있어야 하고, 공간에 여유를 주려면 쌓여 있는 물건들 중에 일부는 버려야 한다. 하지만 정리를 못하는 사람들을 보면 여러 가지 이유로 물건을 버리지 못하고 꼭꼭 끌어안고 있는 경우가 많다. 하지만 하루에 적게는 10~20분씩만 투자해도 조금씩 정리를 할 수 있다. '오늘은 서랍장의 첫 번째 칸만 정리해야지', '오늘은 신발장만 정리해야지'라고 작은 공간을 목표로 잡으면 된다. 또한 정리를 하는데 시간이 걸리기는 하지만 이것이 꼭 시간을 낭비하는 것은 아니다. 공부 잘하는 아이들을 보면 책상 정리는 물론 노트 정리가 오히려 박수를 받을 정도로 잘 되어 있는 것을 볼 수 있다. 회사에서 유능하다고 인정받는 사람의 컴퓨터나 책상 위도 한눈에 알기 쉽게 정리되어 있는 경우가 많다.

정리에 대한 필요성을 모른다?

40대 중반의 직장인인 S씨의 책상은 늘 어수선하다. 컴퓨터 모니터와 키보드가 책상 중간을 차지하고 있고, 양쪽으로 여러 장의 서류들이 쌓여 있다. 책과 필기도구 등도 제자리를 찾지 못해 책상 위를 이리저리 굴러다닌다.

S씨처럼 이렇게 정리가 안 된 공간에서 지내고 있는 많은 직장인들에게 "정리 왜 안 해요? 정리 좀 하는 게 좋지 않을까요?"라고 얘기하면 "네? 정리요? 사는데 크게 불편한 거 없는데 그기 꼭 해야 하는 거예요?"라며 부정적인 반응을 보이는 사람들도 있다. 한마디로 정리에 대한 필요성을 모른다고 할 수 있다. 이러한 사람들에게는 놀랍게도 한 가지 공통점이 있는데 제대로 정리된 상황을 경험해 보지 못한 경우가 대부분이라는 것이다. 예전에도 지금

과 같이 정리가 되지 않은 공간에서 지냈고, 현재도 그렇기 때문에 정리를 해야 할 필요를 크게 느끼지 못하고 있는 것이다.

몇 년 전 부모님과 아들 세 명이 사는 가정에 정리수납 컨설팅 서비스를 한 적이 있다. 방이 3개였는데 안방을 부모님이 쓰고, 아들 한 명이 하나의 방을, 두 명의 아들이 같이 또 한 방을 쓰고 있었다. 놀라운 것은 아들 혼자 쓰는 방에 그 가족의 속옷장이 놓여 있었다는 것이다. 가족이 속옷을 꺼낼 때는 반드시 아들 방에 들어가 꺼내야 했다. 내가 가족들에게 불편하지 않느냐고 물었더니 한 번도 불편하다고 생각해 본 적이 없다는 것이다. 나는 아들 방에 있는 속옷장을 거실 한 편에 자리를 만들어 가족 모두가 사용하기 편리하게 배치를 해주었다. 며칠 후 고객에게 전화를 해서 사용하기 어떠냐고 물었더니, 아들이 가장 좋아한다고 했다. 가족들이 아무 때나 자기 방에 들어와 속옷을 꺼내가지 않아서 자기만의 공간이 생긴 것 같아 너무 좋아한다는 것이었다. 왜 진작 그런 생각을 하지 못했는지 모르겠다며 정리수납 컨설팅을 받고 나서 가족의 생활 습관이 바뀌었다고 잘 유지하겠다는 의지를 보였다. 지금의 생활이 불편하지 않다고 해서 더 좋은 방법이 없는 것은 아니다. 생각을 조금만 바꾸어도 공간은 넓게, 생활은 편리하게 만들 수 있다.

정리하는 방법을 모른다?

노래를 못하는 사람을 '음치', 박자 감각이 없는 사람을 '박치', 길을 잘 못 찾아 헤매는 사람을 '길치'라고 한다. 요즈음은 '정리치'라는 말이 생겼다. 정리를 잘 못하는 사람을 가리키는 말이다. 정리를 못하는 이유에 대해 "나는 원래 정리를 잘 못해요", "정리에 소질이 없어요"라고 수줍게 말하는 사람들도 있다. 스스로를 정리치라고 말하는 것이다.

가정주부인 50대 L씨 역시 스스로를 정리치라고 생각한다. 주부로 생활한 지 햇수로 20년이 훌쩍 넘어가지만 아직도 정리는 어렵고 또 힘든 일이라고 생각하기 때문이다. 그렇다고 게으름을 피우거나 살림을 대충 하는 것은 아니다. 하루 종일 집에서 청소하고, 빨래하고, 식사 준비도 하며 바쁘게 보내는데 이상하게 집안은 늘 어수선하고 살림살이들은 제자리가 아닌 곳에 놓인 것처럼 쓸 때마다 불편하기만 하다. 상황이 이렇다 보니 L씨는 살림살이도 재미없고 정리하는 것에도 시들하기만 하다.

하지만 처음부터 정리를 잘하는 사람은 없다. 지금은 많은 사람들에게 정리의 노하우를 얘기하고, 정리의 필요성도 알려주고 있지만 나도 예전에는 소위 말하는 '정리치', '정리 바보'였다. 정리하는 게 재미도 없고 또 해도 티가 나지 않아서 어린 시절에는 참 야단도 많이 맞았다. 딴에는 정리를 한다고 했는데 다른 어른들에게 "정리 좀 해라! 이게 뭐니?"라는 말을 들으면 기분도 상하고 정리를 하고 싶은 마음도 사라지곤 했던 것이다.

내가 정리하고 돌아서면 미처 정리하지 못한 물건들이 쌓여 있어 "너 정리한 것 맞아?" 하는 소리를 들었다. 그래서 '아, 나는 정리에 소질이 없는 사람이구나' 하면서 자포자기했던 것이다.

이렇게 정리치였던 내가 한국정리수납협회 회장이 되었다. 우리나라에는 없던 직업을 처음으로 만들어 정리수납 전문가들을 양성하고 새로운 일자리를 만들어 고객들에게 정리수납 컨설팅 서비스를 제공하는 일을 하고 있다는 것이 놀랍지 않을 수 없다. 내가 정리수납을 접하게 된 것은 이사 관련 업체의 대표이사로 일하면서 공간의 중요성에 대해 알고 있었고, 캐나다 법인 대표로 근무하면서 외국에서는 정리수납 전문가가 일반화된 직업이고 미래 유망직종이라는 것을 알게 되면서부터였다.

우리나라에 정리수납 전문가를 양성하기 위해서 나는 습관을 바꾸는 것부터 시작했다. 매일 아침 일어나자마자 침대 이불을 정리했다. 생각보다 그리 긴 시간이 필요하지 않음에 놀랐다. 3분 정도면 충분히 침구 정리를

▲ 정리가 안 된 싱크대

끝낼 수 있었고 무엇보다 나를 변화시킨 것은 저녁에 퇴근하고 돌아왔을 때 정리된 안방의 침대를 보면서 편안함을 느끼며 정서적 안정감이 생겼다는 것이다. 그 후 나는 출근할 때마다 책상 서랍에서 물건을 하나씩 가지고 나와 필요한 사람들에게 나눠주기 시작했다. 예전에 해외여행을 다니면서 구입했던 기념품, 모임에서 받은 답례품 등 사용하지도 않으면서 처박아 둔 물건들에게 새 주인을 찾아주기 시작했다. 그렇게 얼마 지나지 않아 내 서랍은 넓어졌고 남아 있는 물건들이 숨을 제대로 쉬고 있다는 느낌이 들었다. 이것이 바로 정리수납의 방법 중 하나다. 작은 것부터, 아는 것부터 실천하여 정리수납 전문가가 되는 길이다. 이렇게 하나씩 실천하다 보니 지금은 한국정리수납협회를 설립하고 많은 컨설턴트들에게 '정리란 이런 것이다!'라고 강의를 할 수 있게 되었다.

정리는 습관이기 때문에 한번 몸에 익숙하게 만들기 힘들어서 그렇지 몸에 익숙해지면 자연스럽게 생활 속에서 묻어나오게 된다. 자전거를 처음 탈 때는 힘들고 자꾸 넘어져도 제대로 타는 법을 배우게 되면 그 뒤로는 오랫동안 자전거를 타지 않았어도 내 몸이 기억하고 있듯이 말이다.

03

못 버리는
병도 있다

세상에 이런 일이 있나 싶을 정도로 최근 집안 가득 발 디딜 틈 없이 쓰레기들을 가득 쌓아 놓고 살아가는 사람들의 이야기를 종종 접하게 된다. 얼마 전 TV에 나온 할머니도 끊임없이 밖에서 신문, 폐지, 빈병, 플라스틱, 고철 등을 주워 집안 가득 쌓아 놓고 사는 것을 보면서 '버리지 못하는 것도 병이구나' 하는 생각을 다시 한 번 하게 되었다. 누구나 애착을 갖는 물건은 있게 마련이다. 유독 우표에 관심이 많아 우표 수집을 하는 사람도 있고, 피규어를 너무 좋아해서 피규어를 모으는 사람도 있다. 이런 사람들은 모으는 행위가 취미일 뿐이다. 물건을 모으는 것이 자신의 생활을 보다 풍성하게 해주는 긍정적인 영향을 주는 것이다. 이와 달리 물건을 모으는 게 물건을 끌어안고만 있고 버리지는 못해서 병이 된 사람들도 있다. 이 사람들에게는 어떤 문제가 있는지, 왜 이런 문제가 생기게 된 건지, 나에게는 이런 문제가 없는지 한번 점검해 보자.

못 버리는 사람들

우리 부모님은 물론, 할머니의 할머니대로 올라가면 갈수록 물질적으로 부족하고 힘든 시기를 보냈다. 때문에 우리에게 늘 말씀하셨다. "아껴야 잘 산다", "버리는 건 나쁜 일이다"라고 말이다. 그래서 다 본 신문도 버리지 않고 놔두었다가 붓글씨 연습하는 데 쓰기도 하고, 옷장 서랍 밑에 깔고 옷을 보관하는 데 쓰기도 했다. 이런 생활이 계속되다 보니 자연스럽게 몸에 배어 몇십 년이 흐른 지금도 물건을 함부로 버리지 않는 사람이 된 것이다. 그렇게 내 집, 내 사무실, 내 공간에 물건을 쌓아 두게 되었다. 물론 물건을 함부로 버리는 것은 낭비이고 바람직한 행동은 아니다. '물도 아껴 쓰면 용왕이 복을 준다'는 속담처럼 아껴 쓰고 재활용하는 것은 아주 훌륭한 행동이다. 그런데 문제는 아껴서 다시 쓰는 게 아니라 쌓아만 둔다는 것이다. 단지 버리지 못해 갖고만 있는 것이 문제라는 얘기다. 집에 고장 난 전기밥솥은 물론 지금은 쓰지 않는 밥솥이 3개나 더 있다면? 사무실에 사용하고 있는 마우스가 있지만 손때가 묻은 마우스, 모양이 예뻐서 버리지 못한 마우스, 고장은 났지만 고치면 쓸 수 있을 것 같은 마우스 등을 그대로 가지고 있다면? 이것은 충분히 문제가 된다.

그런데 이렇게 물건을 쌓아만 두고 버리지 못하는 사람들 중에는 물건에 대한 집착이 강해 쓸모없는 물건을 사거나 버리지 못하는 사람도 있다. 잡동사니 더미 속에서 편안함을 느끼는 이러한 증세를 '호딩(hoarding)'이라 부른다. 원래 호딩은 비축하기, 저장하기의 의미인데 최근 들어서는 저장하기만 하는 증세를 가리키기도 한다. 그리고 호딩에 집착하는 행동을 보이는 사람은 호더(hoarder)라 부르는데, 호딩 증세가 심한 경우 '호딩 장애(Hoarding Disorder)'에 이르기도 한다. 이러한 호딩 장애에는 물건만 모으는 것이 아니라 고양이나 강아지 같은 동물을 모으는 애니멀 호딩(Animal Hoarding)도 있고, 먹지 못하게 된 음식을 모으는 푸드 호딩(Food Hoarding)뿐 아니라 색깔에 집착하는 경우도 있다.

우리나라에서도 이러한 저장강박 증상을 보이는 사람들이 점점 늘어나고 있는 추세이다. 미국의 A&E 방송사에서는 〈호더스(Hoarders)〉라는 프로그램에서 이러한 증상을 앓고 있는 사람들의 이야기를 매주 다루고 있을 정도로 저장강박 증상은 심각하다고 할 수 있다. 이러한 저장강박 증상을 보이는 사람의 수가 세계적으로 700만 명을 넘는 것으로 예상하고 있다.

또한 물건을 버리면 언젠가는 자신이 쓸 수도 있는데 그때 가서 후회하면 어떻게 할까를 걱정해 못 버리는 사람도 있다. 이것을 '강박적 물건수집증후군'이라고 부르는데, 저장강박 장애·저장강박증후군 또는 강박적 저장증후군이라고도 한다. 강박 장애의 일종으로 어떤 물건이든지 사용 여부에 관계없이 계속 저장하고, 그렇게 하지 않으면 불쾌하고 불편한 감정을 느끼게 된다. 습관이나 절약, 취미로 수집하는 것과는 다른 의미로, 심한 경우 치료가 필요한 행동 장애로 보아 1996년 심리학자들은 강박적 물건수집증후군을 심리 장애로 지정했다. 관리해야 할 마음의 병으로 본 것이다. 저장강박증이 있는 사람은 쓰는 물건이든 안 쓰는 물건이든 일단 버리지 못하고 쌓아둔다. 미국 뉴햄프셔 대학의 에드워드 리메이 교수팀은 이렇게 저장강박증을 앓고 있는 사람들의 경우 '주변 사람들에게 사랑과 인정을 충분히 받지 못한 사람들이 물건에 과도한 애착을 쏟기 쉽다'는 연구 결과를 발표했다.

'내가 혹시 정리치는 아닐까?' 하고 염려되는 사람이 있다면 다음 페이지에 있는 정리치 체크리스트의 항목을 찬찬히 읽으면서 체크해 보자. 그러나 체크된 항목이 많다고 해도 크게 낙담하거나 비관할 필요는 없다. 물건을 저장하고자 하는 마음은 인간의 기본적인 욕구로 누구나 가지고 있다. 그리고 정리는 언제나 시작할 수 있기 때문이다. 세계적인 팝아트의 선구자 앤디 워홀(Andy Warhol)도 저장하는 '호더'였다고 알려져 있다. 앤디 워홀은 동화책과 유명인들의 신발, 편지, 사진뿐 아니라 심지어 사람들이 쓰레기라고 하는 물건까지 모두 모았다고 한다. 5층 건물의 집에 살고 있었는데 그의 집은 물건으로 가득 차 있어서 사용할 수 있는 방은 겨우 2개밖에 없었다고 한다.

TIP

'정리치' 자가 진단 테스트

아래의 항목 중 내게 해당하는 것에 체크해 보자. 12개 이상 체크했다면 지금 당장 정리를 시작하자.

- ☐ 나는 물건을 찾는 데 시간이 많이 걸린다.
- ☐ 정리가 안 돼 사람들을 집으로 초대하지 않는다.
- ☐ 물건을 버리는 것은 잘못된 행동이라 생각한다.
- ☐ 나에게 필요한 것보다 더 많이 구입한다.
- ☐ 식탁이나 의자에 다른 물건들이 놓여 있어 사용이 불편하다.
- ☐ 같은 물건을 여러 개 놓고 사용한다.
- ☐ 정리를 꼭 해야 한다고 생각하지 않는다.
- ☐ 다른 사람이 내 물건을 만지면 화가 난다.
- ☐ 집안에 물건이 많아 공간이 부족하다.
- ☐ 사 놓고 사용하지 않는 물건들이 많다.
- ☐ 내가 사용하던 물건을 다른 사람에게 주는 것은 예의에 어긋난다고 생각한다.
- ☐ 고장 난 물건도 수리해서 사용할 것 같아 오랫동안 가지고 있다.
- ☐ 베란다 창고에 몇 년 동안 쌓아 둔 내용을 알 수 없는 박스가 있다.
- ☐ 물건 구입을 주로 홈쇼핑이나 인터넷을 통해한다.
- ☐ 내 물건이 많아 다른 가족들과 사이가 좋지 않다.
- ☐ 옷장에 옷이 많기는 하지만 입을 옷이 없다고 생각한다.
- ☐ 일이 많아 정리할 시간이 없다.
- ☐ 재활용품도 모아 두면 돈이 된다고 생각한다.
- ☐ 버리면 꼭 쓸 일이 생길 것 같아 불안하다.
- ☐ 대청소나 정리는 날을 잡아 하는 편이다.

공간이 우울증을 만든다

우울증은 일명 '마음의 감기'라고도 부르며 전체 성인의 10~20%가 경험할 수 있는 흔한 질병이다. 기다리던 봄비가 오는 거리를 바라보면서 왠지 모르게 마음이 두근거린 적이 있을 것이다. 그리고 눈송이가 보송보송 날리는 날이면 하얗게 덮인 나무들을 보면서 마음이 설레어 누군가에게 전화를 하고 싶은 생각이 든 적도 있을 것이다. 또한 밖에서 보기에 허름해 보였는데 들어가 보니 깔끔하고 예쁘게 꾸며진 카페를 마주할 때 기분이 한결 좋아진 경험이 있을 것이다. 이렇듯 공간은 사람의 기분을 기쁘게 만들기도 한다.

반대로 생각하면 사람의 기분을 우울하게 만드는 공간도 있다. 공간이 우울증을 만들 수도 있다는 얘기다. 우울증, 즉 우울 장애는 뭐든지 하기 싫어하는 마음을 갖게 하고, 일상적인 일이나 기능조차도 하기 힘들게 되는 것을 말한다. 우울증은 일시적인 우울감과는 다르고 매우 흔한 정신질환 중 하나다. 때문에 미국이나 유럽, 뉴질랜드 등의 나라에서도 우울 장애에 대한 평생 유병률이 10.1~16.6%로 높은 수준을 보인다고 서울대학교병원 의학정보에서 밝히고 있다.

그렇다면 어떤 사람이 우울증에 빠진 사람일까? 미국 정신의학회에서는 몇 가지 진단 기준을 가지고 우울증인지 아닌지를 진단

한다. 우울증인지 아닌지는 다음 페이지에 제시된 표의 9가지 항목을 통해서 진단해 볼 수 있는데, 만약 우울증을 앓고 있다면 매사가 귀찮고 자기 자신에 대해서도 자신이 없어지게 된다. 뿐만 아니라 급기야는 좋지 않은 생각까지 할 수도 있다.

그런데 내가 좀 우울하거나 우리 가족 중에 누군가는 좀 우울한 것 같다는 생각이 든다면 나와 가족이 있는 공간을 찬찬히 한번 살펴보는 시간이 필요하다. 가끔은 특별히 슬프거나 우울한 일이 없는데도 의욕이 없거나 손 하나 까딱하기 싫고 기분이 자꾸 가라앉는다는 느낌이 든다면 나의 환경과 공간을 바꿔 보기 바란다.

우울증 진단 항목		
(미국 정신의학회(American Psychiatric Association))		
다음의 9가지 증상 중 5가지 이상이 2주일 동안 동일하게 나타났을 때 우울증인지 의심해 본다.		
1	거의 하루 종일 우울증을 보인다.	
2	대부분의 활동에서 흥미가 눈에 띄게 감소되었다.	
3	식이 조절을 하지 않았는데 체중이 급격하게 감소하거나 증가했다.	
4	거의 매일 잠을 자지 못한다.	
5	거의 매일 안절부절못한다.	
6	거의 매일 피로하다.	
7	거의 매일 죄책감을 느끼고 있다.	
8	거의 매일 집중력이 떨어진 것을 느낀다.	
9	반복적으로 죽음에 대해서 생각하고 있다.	

사람은 자신이 몸담고 있는 환경과 공간의 영향을 크게 받기 때문이다. 예를 들어 집안에 물건이 쌓여서 잡동사니로 가득 차게 되면 대부분의 경우 모든 가족이 불안과 우울증으로 고통을 겪게 될 수 있다. 정리되지 않은 공간이 불편함과 불안감을 만들고 급기야는 우울증을 만들 수 있다는 것을 기억해야 한다.

그동안 정리수납 컨설팅을 받은 고객 중에도 크고 작은 우울증을 호소하는 사람이 의외로 많았다. 심각하지는 않아도 의욕이 떨어지고 움직이기 싫은 시간이 길어지게 되면 공간까지도 병들기 쉽다. 사람이 생활하는 주거 공간이라고 믿기지 않을 정도로 잡동사니와 물건들로 쌓여 있는 집이 의외로 많다. 안양에 사는 40대 여성 고객은 혼자 사는데도 옷장이 넘쳐 거실까지 옷으로 가득 찰 정도였다. 옷 방을 정리하는데 작업 공간이 없어 서서 옷을 개어 어느 정도 공간을 만들어 놓고서야 겨우 앉아서 작업을 할 수 있었다. 그 많은 옷들 중 아직 태그를 떼지 않은 새 옷들도 많았다. 외출하는 것도 좋아하지 않는다면서 어떻게 이렇게 옷을 많이 샀냐고 물으니까 홈쇼핑에서 구입했다고 한다. 입지도 않으면서 왜 이렇게 옷을 구매했냐고 물었더니 물건을 구입할 때는 기분이 좋아지고 무언가 하고 있는 것 같아 계속 반복하게 되었다고 한다. 그런데 주문한 옷이 배달되고 그 옷들이 쌓여가면서 더 우울해지는 것 같고 이런 자신이 싫어져 더는 견딜 수가 없었단다. 집안을 정리하고 싶은데 혼자서는 엄두가 나지 않아 의뢰를 하게 된 것이다. 56.1 ㎡(17평형) 주거 공간을 전문가 6명이 9시간 넘게 정리하고 수납하고 나니 본인의 집이 이렇게 넓었는지 미처 몰랐다며 신기해했다. 마치 다른 집에 방문한 것처럼 이리저리 둘러보고, 옷장 문을 열었다 닫았다를 반복하면서 좋아했다. 마치 어린아이가 새로운 장난감을 선물받고 즐거워하는 것 같았다. 집이 이렇게 변할 줄 몰랐다며 앞으로 필요하지 않은 물건은 사지 않을 것이고 매일매일 그때그때 정리할 거라는 의지도 보였다. 나는 이 고객을 보면서 공간을 정리수납했을 뿐인데 새로운 삶을 살아갈 힘을 얻을 수 있다는 것에 그동안 정리수납 전문가라는 직업을 처음 만들어 알리기 위해 노력했던 수고를 한번에 보상받는 기분이었다. 많은 사람들이 대청소를 하거나 물건을 정리정돈하고 나면 기분이 좋아진다고 한다. 내 생활을 바꾸고 싶다면 무리하지 말고 옷장 서랍 한 칸, 책상 서랍 한 칸만 이라도 정리해 보자. 작은 시도가 당신의 삶에 큰 변화를 줄 것이다.

결정 장애가 발목을 잡는다

50대 주부 P씨는 요즘 딸 때문에 고민이다. 착하고 예쁜 딸이지만 무슨 일이 있을 때마다 항상 엄마에게 "이게 좋아? 저게 좋아?", "어떤 걸로 하지?" 하고 물어보기 때문이다. 물론 딸이 엄마에게 살갑게 물어보는 것은 즐거운 일이지만 그게 매번, 매 순간 반복된다면 그것도 고민이 아닐 수 없다. 배달 음식을 시켜 먹을 때도, 신발을 살 때도, 약속을 정할 때도 뭔가를 스스로 결정하는 것을 너무 어려워하는 딸 때문에 P씨는 슬슬 걱정이 되는 것이다. 얼마 전에는 딸과 함께 예쁜 새 옷을 사러 모처럼 나갔는데 선뜻 하나를 고르지 못하고 갈팡질팡하다가 결국은 빈손으로 돌아온 일도 있었다.

이렇게 결정을 못해서 장애를 겪고 있는 경우를 '결정 장애'라고 부른다. 결정 장애는 선택의 갈림길에서 어느 한쪽을 고르지 못해 괴로워하는 심리를 뜻하는 신조어로, 이런 장애를 겪는 사람이 생각보다 많다고 한다. 이렇게 결정 장애로 힘들어하는 사람이라면 물건을 살 때뿐만 아니라 물건을 버릴 때도 역시 힘이 든다. 이 물건을 버려야 할지 말지를 결정하지 못하기 때문이다. 이렇게 결정에 심각한 장애를 앓고 있는 사람들의 경우 의존적인 성향이 많고 자신의 결정에 자신 없어하는 경우가 많다. '내가 이 음식을 골랐는데 맛이 없으면 어떻게 하지?', '내가 이 옷을 입었는데 사람들이 이상하다고 하면 어떻게 하지?', '지난번에는 별로였으니까 이번에도 별로이지 않을까?' 하고 생각하는 이런 결정 장애는 점점 악화될 수밖에 없다.

결정 장애를 겪고 있는 대부분의 경우 가치판단 능력과 의사결정 능력이 떨어진다. 어떤 물건이 자신에게 필요한 것인지, 보관해 두어야 할 것인지 버려도 될 것인지에 대한 가치평가를 쉽게 하지 못하기 때문에 일단 저장하고 보는 것이다. 이렇게 결정의 갈림길에서 쉽게 결정을 못 내리는 결정 장애를 다른 이름으로는 '햄릿 증후군'이라고 부른다. 영국의 문호 셰익스피어가 쓴《햄릿》의 주인공인 왕자 햄릿이 결정에 있어 고뇌하는 대표적인 인물이기 때문이다. 그래서 그는 "사느냐 죽느냐 그것이 문제로다"를 목 놓아 외치기도 했다. 아마 햄릿이 지금 이 시대를 살아가고 있는 실제 인물이라면 더 많은 선택과 결정의 순간을 만났을 것이고 그때마다 이렇게 외쳤을 것이다. "사느냐 사지 않느냐 그것이 문제로다", "버리느냐 버리지 않느냐 그것이 문제로다."

결정 장애로 힘들어하는 사람들은 물건을 정리할 때도 힘들어한다. 어떤 물건을 가지고 있어야 하고 어떤 물건을 버려야 하는지 결정하기 어렵기 때문이다. 자신이 가진 물건 중에서 잘 골라서 버리라고 하면 정말 아주 조금 버리고는 다 버렸다고 생각한다. 누구나 버려야 할 것이라고 생각하는 휴지나 정말 필요 없는 것만 버리고 나머지는 그대로 끌어안기 때문이다. 이렇게 결정 장애가 있다면 물건을 버리지 못해 여분의 공간을 만들지 못하고, 여분의 공간을 만들지 못해 만족스러운 정리를 할 수 없게 된다.

일상생활에서도 우리는 결정하지 못하고 고민할 때가 많다. 짜장면과 짬뽕, 비빔냉면과 물냉면을 놓고도 무엇을 먹어야 할지 결정하기 전에 누구나 한 번쯤은 고민해 본 경험이 있을 것이다. 이

것은 결정 장애라고 하기보다는 오랫동안 고민하는 사람들을 보면서 학습되어 자신도 같은 상황에 처할 때 똑같은 고민을 하게 되는 것이라고 한다. 정리도 마찬가지다. 우리는 어려서부터 부모가 어떻게 말하고 행동하는지를 보고 자랐다. 그래서 지금 내가 하고 있는 많은 행동은 부모로부터 학습된 행동이 습관화된 것이다. 내 아이가 내 나이가 되었을 때 이렇게 살았으면 좋겠다는 모습이 있다면 지금 그 모습을 보여주어야 가능하다는 것을 명심하기 바란다. 정리 습관이란 하루아침에 이루어지는 것이 아니라 행동 하나하나가 반복되어 만들어지기 때문에 귀찮다며 나중에 해야겠다는 안일한 생각으로 미룰 문제가 아니다.

04
공간의 주인은 사람이다

현대인의 하루 생활을 들여다보면 부모님은 출근하고 아이는 학교에 가서 반려동물만 낮에 집을 지키고 있는 가정이 늘어나고 있다. 비싸게 마련한 소파도 성능 좋은 오디오도 정작 사용해야 할 사람이 집에 머무르는 시간은 점점 줄어드는 것이다. 전세든 월세든 비싼 임대료를 내고도 가족이 편안하게 생활할 수 있는 공간이라기보다는 물건을 보관하는 창고로 우리 집을 사용하고 있지는 않은지 생각해 보자. 공간에는 물건이 있고, 그 물건을 사용하는 사람이 있다. 물건을 정리하는 것은 단지 물건을 위해서가 아니라 사람이 편리하게 생활하기 위해서이다. 물건을 소중하게 여겨서 정리하는 것이 중요한 게 아니라 사람을 소중하게 여겨서 정리하는 것이다. 결국 공간의 주인은 사람이기 때문이다. 하지만 때로는 물건에 치여 사람이 공간의 주인이 되지 못하는 경우도 많다. 사람이 물건과 자리다툼을 하고 있는 격이다. 공간을 들여다보면서 주인이 누가 되어야 할지, 어떻게 하면 주인이 될 수 있을지 생각해 보자.

공간의 주인이 물건?

회사원 P씨에게는 요즘 회사에 컴퓨터가 한 대 더 생겼다. 웹디자이너라 컴퓨터로 해야 할 일이 많아서 사양이 좋은 것으로 회사에 요청했기 때문이다. 이렇게 새 컴퓨터가 생겼지만 P씨는 이전 컴퓨터를 아직 정리하지 않고 사용 중이다. 이전에 작업하던 서류와 작업물이 그대로 이전 컴퓨터에 있기 때문에 쉽사리 정리를 못 하고 있는 것이다. 그러다 보니 책상 위는 두 대의 컴퓨터로 꽉 차 버렸고 서류라도 하나 놓으려면 키보드를 이리저리 옮겨야 할 지경이 되고 말았다. 이렇게 P씨의 책상은 이제 주인이 컴퓨터인 것이다. 사용하는 사람은 P씨이지만 오히려 물건인 컴퓨터에 밀려서 더부살이를 하는 것처럼 불편하고 옹색한 생활을 하고 있는 실정이니 말이다.

이처럼 공간의 주인 자리를 물건에게 빼앗긴 경우를 우리는 주위에서 흔히 볼 수 있다. 연주하지도 않으면서 몇 년째 거실 한 편을 차지고 있는 피아노, 아이의 학습을 위해 서재로 꾸며주었지만 아이의 연령에 맞지 않는 책들이 뒤섞여 있어서 전혀 책 읽을 마음이 들지 않는 서재, 옷이 잔뜩 걸려 있지만 정리 상태가 엉망진창이어서 제대로 옷을 골라 입을 수 없는 드레스룸 등 공간의 주인이 물건이 되어버린 경우는 매우 많다. 그 공간에 있는 주된 물건의 이름을 따서 '서재', '드레스룸' 등과 같이 이름을 붙이기는 하지만 사실 따지고 보면 '우리 가족이 책을 읽거나 공부를 하는 곳', '우리 가족의 옷을 보관하는 곳'처럼 물건이 아닌 사람이 주가 되어야 하는 것이다. 즉, 공간의 주인은 사람이 되어야 한다는 얘기다. 그렇지 않으면 사용하지도 않는 잡동사니를 보관하기 위해 우리는 비싼 임대료를 내고 있는 것이다. 창고는 창고답게, 주거 공간은 주거 공간답게 활용하자. 물건들 때문에 불편한 공간, 창고 같은 공간을 버리고 사람이 주인이 될 수 있는 공간을 만들자.

정리를 못하는 사람은 없다

정리를 못하는 사람은 사실 없다. 하지만 정리를 안 하는 사람은 많다. 앞서 얘기한 여러 가지 이유를 들며 정리를 안 하는 사람들은 공간을 가지고 있지만 그 공간을 제대로 누리지 못하고 있는 것이다. 공부할 공간이 있지만 제대로 공부를 못하고, 요리를 할 공간이 있지만 제대로 요리를 하지 못하고, 일을 할 공간이 있지만 자기가 가진 100%를 발휘해서 일을 못하고 있다. 왜냐하면 내가 공간의 주인이 아니기 때문이다. 이런 사람들은 대개 정리를 너무 부담스럽게 생각하거나 아니면 정리를 너무 하찮게 생각하는 경향이 있다. '정리=대청소'라는 생각이 들어서 엄두가 나지 않아 시작을 못하는 경우도 있고, '정리 그까짓 거'라는 마음 때문에 별 대수롭지 않게 생각하는 경우도 있기 때문이다. 이럴 때는 마음가짐을 바꾸는 것이 중요하다. 빼앗긴 공간을 찾아오기 위해서는 물건과의 치열한 전투를 벌여야 하기 때문이다. 하지만 이 전투는 충분히 해 볼 만하다. 공간을 정리하고 사용하기 좋도록 만드는 것은 마음먹기에 따라서 충분히 즐겁고 보람된 일이다. 스스로에 대한 자신감도 생기고 효율적으로 사고할 수 있는 유능감도 덤으로 맛볼 수 있을 것이다.

정리를 잘하면 성공한다

사진은 백악관에 있는 미국 대통령이 일을 하는 집무실의 모습이다. 오바마 대통령이 미국 전 대통령인 조지 부시와 진지하게 이야기를 나누고 있는 모습을 담은 이 사진에서 눈여겨 볼 것은 바로 이들이 있는 대통령의 방이다. 미국의 대통령이라면 누구보다 바쁘고 분주한 것은 두말할 나위 없는 명백한 사실이다. 그런데 그의 방이나 책상을

▲ 자신의 집무실에서 이야기를 나누는 부시 전 대통령과 오바마 대통령

살펴보면 놀랍도록 단정하게 정리되어 있다. 창 앞에 놓인 오바마 대통령의 책상은 1879년 빅토리아 영국 여왕이 러더퍼드 헤이스 19대 미국 대통령에게 선물한 것으로 아주 오래된 것이다. 그런데 이렇게 유서 깊은 책상 위에는 달랑 전화기 한 대와 서류 몇 장이 놓여 있을 뿐이다. 오바마 대통령과 같은 책상에 앉았던 드와이트 아이젠하워 대통령도 책상 정리를 깔끔하게 하는 것으로 잘 알려져 있다. 그는 책상 위를 '지금 당장 실행할 것', '지시할 것', '도움받을 것', '버려야 할 것'과 같이 4개 영역으로 나누어 정리했다. 일이 끝나면 그의 책상 위에는 아무것도 남아 있지 않았다고 한다. 아이젠하워는 정리를 통해 가장 효율적인 방법으로 일을 성공적으로 해낸 대통령으로 알려져 있다.

어수선한 책상을 두는 것은 기업의 최고경영자들도 싫어하는 일 중 하나이다. 스테파니 윈스턴이 쓴 《성공하는 CEO들의 일하는 방법》이라는 책에 책상을 깔끔하게 정리하는 최고경영자들의 이야기가 나오는데, 많은 경영자들이 정리가 잘 된 책상에서 일을 하면서 성공적인 업무 처리 능력을 보여준 것을 알 수 있다. 넓은 유리판 위에 컴퓨터, 책상용 소품, 서류 몇 장이 놓여 있을 뿐인 미국 포켓몬 사장 아키라 치바의 책상 등을 예로 들 수 있다.

이처럼 정리는 일의 효율과도 떼려야 뗄 수 없는 관계에 놓여 있고, 이는 일의 성공과도 깊은 관련이 있다. 책상을 단순하게 정리하면서 일에 집중할 수 있게 하고, 노트를 체계적으로 정리하면서 머릿속에 든 생각을 차분히 정리할 수 있게 한다. 이와 같이 정리는 단순하지만 결과적으로는 전혀 단순하지 않은 효과를 가져온다.

TIP

나에게 필요한 물건 리스트

사람의 욕심은 끝이 없어서 하나를 가지고 있어도 또 하나를 가지고 싶고 더 좋은 것을 가지고 싶어 한다. 이렇게 욕심 때문에 자꾸 물건을 사들이고 쌓아 두고 있는 것 같다면 나에게 필요한 물건 리스트를 작성해 보는 것이 큰 도움이 된다. 어떤 물건이 필요한지 스스로 작성하다 보면 필요 없는 물건이 무엇인지도 알 수 있다.

물건 항목	분류	필요 정도	소유 유무
노트북	가전제품류	O	O
겨울 코트	의류	△	O

01

공간도
다이어트가
필요하다

사람이 음식물 섭취를 많이 함에도 불구하고 활동량이 적으면 비만에 걸리기 쉽다. 사람뿐 아니라 우리가 사는 집도 마찬가지다. 물건이 들어오기만 하고 나가지 않는다면 우리 집도 비만한 상태가 되고 말 것이다. 땀을 뻘뻘 흘리면서 힘들여 운동을 하고, 몸에 좋은 음식으로 신경 써서 챙겨 먹는 이유에는 여러 가지가 있겠지만 다이어트 역시 큰 이유 중 하나이다. 균형 있게 날씬해지면 몸이 건강한 것은 물론이지만 보기에도 좋기 때문에 많은 사람들이 다이어트를 하고 있다. 몸을 균형 있게 만들어주고 건강하게 바꾸어주는 다이어트. 이 다이어트가 우리의 몸뿐만 아니라 우리의 공간에도 필요하다. 공간에서 필요 없는 물건들을 빼내어버리면 공간이 훨씬 넓어지고 사용하기 자유로워질 뿐 아니라 가벼워짐을 느낄 수 있을 것이다.

과부하가 걸린 공간

기기나 장치가 다룰 수 있는 정상치를 넘는 것을 과부하라고 한다. 과부하가 되면 과열이 되고 고장이 나는 등 문제가 발생할 수 있다. 우리의 몸으로 치면 체

▲ 과부하가 걸린 공간

중이 정상 체중을 넘어서 비만이나 고도 비만에 이른 것으로 빗댈 수 있을 것이다. 살이 지나치게 쪄서 비만이 되거나 고도 비만에 이르면 보기에도 부담스럽지만 더 큰 문제는 건강에 좋지 않다는 것이다. 관절에 무리가 오고 장기에 부담을 주기 때문이다. 때문에 비만인 많은 사람들이 살을 빼려고 노력하고 있다. 실제로 글로벌 정보 분석 기업 닐슨이 발간한 「건강과 웰빙에 관한 소비자 인식 보고서」에 따르면 한국 성인 남성의 55%가 다이어트 중이라고 한다.

공간 역시 과부하에 걸리면 보기에 안 좋은 것은 물론이고 공간이 해야 할 기능을 제대로 할 수 없다. 여성들은 외출할 때 옷장 문을 열면서 이렇게 말한다. "도대체 입을 옷이 하나도 없어!" 이 말을 들은 남자들은 이해가 되지 않는다고 한다. 분명히 옷장 안에

는 옷이 가득히 차 더 이상 들어갈 틈조차도 없는데 그 많은 옷들을 보고 왜 입을 옷이 없다고 하는 것인지 말이다. 반면 남자들이나 아이들은 냉장고 문을 열면서 "먹을 것이 하나도 없네"라고 한다. 엄마가 보기에는 냉장고에 먹을 것이 가득 차 있는데도 말이다. 옷이 많다는 것은 어느 것을 입어야 할지 결정하기 어렵기 때문에 입을 것이 없다고 치부해버리는 것은 아닐까? 물건의 종류나 양이 적을 때보다 많을 때 더 쉽게 고를 수 있을 것 같지만 가득 찬 옷장에서 입을 옷을 고르기 힘든 것을 보면 꼭 그렇다고 볼 수만도 없는 것 같다. 비슷한 제품들이 많은 곳에서 어느 것을 하나만 고르라고 할 때 어느 것을 골라야 할지 고민했던 경험이 한번쯤 있을 것이다. 그것은 '반복맹'이라는 신경학적 현상 때문이다. 옷장에 옷이 너무 많으면 이 옷들을 비슷한 이미지로 받아들여 우리의 뇌는 그 옷들을 하나의 커다랗고 희미한 형체로 인식해버리기 때문에 그중에서 어떤 것을 골라야 할지 판단하기 곤란하다는 것이다. 따라서 옷장 안에 옷이 많으면 많을수록 우리는 입을 옷을 선택하기 더욱 어려워진다. 외출할 때 입을 옷이 없다고 느껴진다면 새로 옷을 구입할 것이 아니라 옷장에 있는 옷 중에 최근 몇 년 동안 한 번도 입지 않은 옷들은 분류하여 정리하는 것이 현명하다. 옷을 정리했을 뿐인데 입을 옷들이 눈에 들어오기 시작할 것이다. 옷장을 옷을 쌓아 두는 창고로 사용하지 말고 진정한 옷장으로서의 제 기능을 하도록 도와주자.

언제 넣었는지, 언제 먹을 것인지도 모르는 음식들로 꽉 찬 냉장고, 1년에 한두 번 쓸까 말까 한 오븐이 2대나 있는 부엌, 짐이 잔뜩 쌓여 있어서 어떤 물건이 있는지도 알 수 없는 창고라면 다이어트가 필요한 공간이다. 과부하가 걸린 공간에 여유의 공간을 만들어주자.

공간에 과부하가 걸렸는지 아닌지를 체크해 보려면 다음의 5가지 질문을 스스로에게 한번 던져 보자.

1	이 공간에 들어가면 기분이 좋은가?	
2	이 공간에 들어가면 원하는 물건을 빨리 찾을 수 있는가?	
3	이 공간은 자신의 역할을 충실히 하고 있는가?	
4	이 공간에는 꼭 필요한 물건만 있는가?	
5	나는 이 공간에 어떤 물건이 있는지 모두 알고 있는가?	

만약 위의 5가지 질문 중 3가지 이상에 '아니요'라는 답을 하게 되었다면 그 공간은 과부하가 걸린 공간이라 볼 수 있다. 무엇인가 문제가 있고, 공간이 제대로 역할을 하지 못하고, 이로 인해 사람도 힘들어진다.

비워야 가벼워진다

▲ 신한평의 〈화조도〉

왼쪽 그림은 잘 알려진 조선시대 화가 신윤복의 아버지이자 유명한 화가였던 신한평의 〈화조도〉이다. 오른쪽으로 치우친 가지 위에 작고 하얀 꽃이 피어 있고 그 가지 위에 작은 새가 앉아 있는 그림이다. 이 그림을 보면 그림의 많은 부분이 비어 있음을 알 수 있다. 다른 주변의 사물이 그려진 것도, 배경이 그려진 것도 아니다. 이렇게 여백이 많기에 이 그림을 볼 때는 새나 꽃에 더 집중할 수 있다. 뿐만 아니라 그림을 볼 때 편안하게 감상할 수 있다. 그림에서도 비움은 필요하다. 좋은 그림을 그리기 위해 많은 것들을 채워 넣는다면 그림을 보는 사람들을 답답하고 불편하게 만들 수 있다. 눈을 분산시키는 다른 요소가 없기 때문에 가벼운 마음으로 편안하게 그림에 집중할 수 있는 것이다.

생텍쥐페리는 '완벽함이란 더 이상 보탤 것이 없을 때가 아니라 더 이상 뺄 것이 없을 때 이루어진다'고 했다. 이 말은 채워 넣는 것보다 비움의 중요성을 더 강조한 듯하다. 이처럼 필요한 것과 필요하지 않은 것을 분류하고 선택하여 공간을 비워야만 가벼워지고 또 집중할 수 있다. 예를 들어 이사라도 한번 가려고 하면 "우리 집은 짐이 너무 많아서 이사하는 게 너무 힘들어요"라고 하소연하는 사람이 있고, 손님이라도 한번 초대하려고 하면 "우리 집은 어수선해서 누구를 초대할 수가 없어요"라고 푸념하는 사람이 있다. 공간이 정리되어 있지 않기 때문에 남에게 보여주는 것을 부담스러워하는 것이다. 이런 일로 고민하는 사람들에게 나는 "비우세요! 그러면 가벼워집니다"라고 조언한다. 실제로 물건들에 쌓여 꽉 막힌 좁은 공간에서 답답하게 살다가 물건을 비우고 정리를 하면서 "물건을 버리니 마음도 편해졌어요", "물건을 줄이니 훨씬 좋아요"라고 말하는 경우를 많이 접하고 있기 때문이다. 이웃나라 일본의 유명한 정리 컨설턴트인 곤도 마리에 역시《인생이 빛나는 정리의 마법》이라는 책에서 '정리만 잘해도 살이 빠진다', '정리는 마음을 비우는 일이다'라고 말한다. 마음을 비워서 편하게 하고 물건을 비워서 가볍게 하면 생활이 즐겁고 훨씬 자유로워질 수 있다는 것을 알게 될 것이다.

버리는 게 시작이다

꽉 채워진 공간을 다이어트하고 비우기 위해서는 먼저 버려야 한다. 그래서 많은 정리 전문가들은 버리는 게 시작이라고 입을 모은다. 버리지 않고 정리를 하는 경우도 있는데 이렇게 정리를 하게 되면 또 다른 문제가 발생한다. 물건의 배치를 바꾸거나 수납 박스에 넣으면서 정리를 했음에도 불구하고 정리를 했다기보다 물건을 감추는 방식이라면 얼마 지나지 않아 '요요 현상'을 경험하게 된다. 정리하기 전처럼 다시 복잡해지고 혼란한 상태로 쉽게 돌아오는 것이다. 따라서 제대로 된 정리를 하고 싶다면 먼저 버려야 한다. 그게 시작이다.

이렇게 물건을 버리기로 마음을 먹었다면 몇 가지 규칙을 따르는 것이 바람직하다. 먼저 물건의 사용 목적을 생각해야 한다. 왜 사용하는 것인지, 왜 필요한 것인지를 생각해 보면 물건을 간직해야 할 것인지 버릴 것인지 보다 명확하게 구분할 수 있다. 그다음으로는 같은 형태의 물건이 있는지 생각해야 한다. 꼭 필요한 물건이지만 같은 것이 여러 개일 때는 그 수를 줄이기 위해 버릴 필요도 있다. 만약 이 중에 버릴 것인지 간직할 것인지 고민이 되는 물건이 있다면 잠시 보류할 수도 있다. 이런 물건들은 따로 상자에 담아 '보류 상자'라 이름을 붙여 두자. 그리고 한 달 또는 1년이 지나도 이 보류 상자에서 꺼내지 않았다면 그때는 미련 없이 버리면 된다. 그래도 아직 어떤 물건들을 버려야 할지 잘 모르겠다면 아래의 표를 참고하면서 버릴 물건의 리스트를 작성해 보자. 손에 잡히는 대로 무작정 버리는 것보다 리스트를 참고하면 "뭐? 우리

	가정 내 버릴 주요 물건	
현관	망가진 우산	우산살이 부러지고 고장 나서 망가진 우산은 공간만 차지할 뿐이다.
	작아진 신발	이미 작아져서 신지 않는 신발은 공간만 차지하므로 버린다.
서재	연령에 맞지 않는 책	아이의 연령에 맞지 않는 책은 공간만 차지하고 책을 읽을 의욕을 떨어뜨린다.
	쓰지 않는 필기구	아이가 어렸을 때 쓰던 크레파스나 색연필 등이 여러 개 있다면 정리한다.
부엌	닳아버린 나무 그릇	오래 사용한 나무 그릇은 젖은 음식이 닿게 되면 세균이 번식할 수 있다.
	흠집이 난 플라스틱 용기	흠집이 난 플라스틱 용기는 사이사이에 때가 끼어 지저분해 보인다.
	코팅이 벗겨진 프라이팬	코팅이 벗겨져 음식이 눌어붙은 프라이팬에서는 유해물질이 나올 수 있다.
드레스룸	맞지 않는 옷	작거나 커서 현재 입지 않는 옷은 의류 수거함에 넣는다.
	낡은 액세서리	오래 전에 사용한 허리띠나 유행이 지난 액세서리 중 다시 사용할 것 같지 않은 것들은 정리한다.
침실	먼지 쌓인 장식용품	먼지만 쌓여 보기에 좋지 않은 장식용품은 오히려 공간을 지저분하게 한다.
	죽은 화초	시들어 죽어버린 화초는 화분까지 정리한다.
화장실	향이 나지 않는 방향제	더 이상 향이 나지 않는 방향제는 바꿔준다.
	칫솔모가 벌어진 칫솔	칫솔모가 벌어진 칫솔은 청소용으로도 사용하기 어렵다.

집에 이런 것도 있었어?"라는 생각이 들 뿐만 아니라 보다 체계적으로 간직할 물건을 구별할 수 있어 도움이 된다.

  그런데 이렇게 공간을 정리하기 위해 물건을 버리다 보면 애매한 경우가 많이 발생한다. 바로 내 것이 아닌 물건이다. 가족 중 다른 사람의 물건, 부서 내 동료의 물건, 공동의 물건을 정리해야 할 상황이라면 독단적으로 처리하는 것은 옳지 않다. 내 눈에는 분명히 필요 없는 물건, 안 쓸 물건이었지만 다른 사람에게는 꼭 필요한 물건일 수 있기 때문이다. 다른 나라를 여행하면서 힘겹게 모

TIP

공간의 다이어트 before & after

옷장 정리를 하기 전 옷장은 옷으로 가득 차 있어서 뒤죽박죽이었다. 뿐만 아니라 어떤 옷이 있는지도 알 수 없을 정도로 쌓여 있었다. 하지만 작아져 입을 수 없거나 색이 바랜 옷을 버리고 차곡차곡 옷걸이에 걸어 정리한 결과 깔끔하고 보기 좋은 옷장으로 변했다. 물건을 버림으로 인해 또 다른 공간을 얻게 된다.

▲ 옷장 before & after

은 인테리어용품, 연령에는 맞지 않지만 가장 소중히 아끼는 책이라면 버리지 않을 것이다. 이렇게 버려야 할지, 그러지 말아야 할지로 고민이 된다면 앞의 '보류 상자'와 같은 상자를 하나 만드는 것도 좋다. '결정 상자'라고 이름을 붙이고 이 상자에 애매한 물건을 담아 두는 것이다. 함께 사용하고 있는 사람들에게 각자 이 상자 속에 있는 물건들을 보고 버릴 것인지 아닌지를 결정할 수 있도록 돕는다. 물론 이렇게 자꾸 버리다 보면 슬쩍 불안해질 수도 있다. '이거 다음에 없어서 아쉽지는 않을까?', '버리기에는 좀 아

냉장고 색이 있는 비닐봉투에 담긴 음식물이 냉장고에 그대로 들어 있어 어떤 음식물이 있는지도 알 수 없었다. 각각의 음식물을 지퍼백에 한 번 사용할 양만큼 나누어 담아서 '나물', '간식', '견과류' 등으로 분류한 플라스틱통에 정리했다. 이렇게 음식물을 정리할 때는 반드시 음식물의 보관 기간을 잘 생각해야 하고 기간이 지난 것은 버리는 것이 바람직하다. 냉장고 속 물건들에게도 편안함을 주자.

▲ 냉장고 before & after

까운데……' 하지만 버리면서 더 많은 것을 얻을 수 있다는 점을 잊어서는 안 된다.《화엄경》에도 '모든 나무는 꽃을 버려야 열매를 얻게 되고, 흐르는 강물은 강을 버려야 비로소 바다에 이르게 된다'고 하였다. 손에 쥐고 있는 것을 버려야 그 손으로 책도 보고 꽃도 어루만질 수 있다.

장난감 종류도 다양하고 양도 많은 장난감은 종류별로 구분을 하여 자주 사용하는 것과 가끔 사용하는 것을 구분한다. 자주 사용하는 것은 뚜껑이 없는 바구니에 담아 아이들이 꺼내고 넣기 쉽게 한다. 투명 상자를 이용하면 열어보지 않고도 어떤 장난감이 들어 있는지 알 수 있어 좋다. 장난감 정리까지를 놀이로 연계하여 습관을 기르도록 하자.

▲ 장난감 before & after

02

물건에도 유효기간이 있다

유통기간이란 물건이 생산되어 유통업체가 판매할 수 있는 기간을 말하며 유통기간이 지난 식재료는 유통업체에서 판매할 수 없다. 기간이 지난 우유, 고기, 빵 등은 모두 아깝지만 팔 수 없기 때문에 판매대에서 거두어들인다. 마찬가지로 집이나 사무실 등의 공간에 있는 물건들 중에도 아쉽지만 거두어들여야 할 물건들이 있다. 물건에도 유통기간이 아닌 유효기간이 있기 때문이다. 유통기간을 넘긴 물건은 팔 수 없는 물건이 되어 처치 곤란해지듯이, 유효기간을 넘긴 물건도 더 이상 제 기능을 못하기 때문에 처치 곤란해지는 것은 당연한 일이다.

시기가 지난 책은 이만 안녕!

정리가 힘들거나 짐이 넘쳐나서 도움을 요청하는 사람들의 집을 찾아가 보면 책이 한가득인 경우를 종종 볼 수 있다. 가정주부인 J씨의 경우도 이에 속했다. "제가 책 욕심이 좀 많아서요"라고 말하는 J씨의 집은 온통 책으로 넘쳐났고, 실제로 거실 벽을 가득 채운 2개의 책장은 물론 아이 방, 침실, 부엌 할 것 없이 책으로 꽉꽉 채워져 있었다. 이렇게 책이 많으면 가족 모두 책을 많이 볼 것 같았지만, 실제로 가족들이 책을 보는 시간은 많지 않았다. 왜냐하면 이 집에는 크게 세 가지의 문제가 있었는데, 첫 번째는 여러 분야의 책이 섞여 있다는 것이다. 여러 분야의 책이 섞여 있으면 읽고 싶은 책을 찾는 것이 쉽지가 않다. 실제로 책을 찾다가 포기한 경우도 있다고 J씨는 고백했다. 두 번째 문제는 연령을 넘나드는 책이 함께 있다는 것이다. 아이의 방에 아이 책뿐만 아니라 어른들이 읽을 책들이 함께 있었다. 세 번째 문제는 시기가 지난 책이 남아 있다는 것이다. 몇 년 전에 사온 잡지는 물론 아이가 어렸을 때 보던 책까지 모두 꽂혀 있었다. 여러 분야의 책이 섞

유통기간과 유효기간

유통기간은 상품이나 상품 따위가 생산자에서 소비자, 수요자에 도달하기까지 여러 단계에서 교환되고 분배되는 활동 과정을 거치는 기간을 말하고, 유효기간은 주로 상품 따위에서 그 상품의 효력이나 효과를 정상적으로 사용할 수 있는 기간을 말한다.

여 있는 것은 분류를 해서 다시 재배치하면 되고, 연령에 맞지 않게 놓인 것도 다시 재배치해서 꽂으면 된다. 하지만 세 번째 문제인 시기가 지난 책은 유효기간이 지난 물건으로 보아 과감하게 버려야 한다. 중학교에 다니는 아이가 있는 집에 아이가 한글을 배울 때 읽던 책, 숫자를 익힐 때 보던 책은 충분히 유효기간이 지났다고 볼 수 있다. 물론 아이에게 예전에 읽던 책은 추억을 선사한다. '그래, 그때는 저런 책도 읽었었지!' 엄마에게도 아이가 예전에 읽던 책은 좋은 기억으로 남아 있기도 하다. '맞아, 우리 아이가 꼬꼬마 시절에 읽던 책이었어!' 그러나 그 책이 한두 권이 아니어서 책장을 가득 채우고 공간을 비좁게 하고 있다면 아쉽지만 내보내는 것이 바람직하다. 어떻게 정리해야 할지 막막하다면 먼저 책장 한 개씩 한 개씩 차근차근 정리해 보자. 부엌에 있는 3칸짜리 책장을 정리하면서 유효기간이 지난 책이 나오면 한 곳에 쌓아두는 식으로 정리하면 된다. 그러면 그다음에는 거실의 여러 개의 책장 중 1개, 그다음에는 옆의 책장을 정리하고, 거실의 책장 정리가 끝나면 아이 방에 있는 책장 순으로 정리를 하면 된다. 이때 책을 버릴 때는 반드시 다른 가족에게 버려도 되는지를 물어보는 과정이 필요하다. 내 생각에는 필요 없다고 생각해서 버리지만 그것이 다른 이에게는 절대 버릴 수 없는 것일 수도 있기 때문이다. 만약 서로의 의견이 갈린다면 충분한 대화를 통해 뜻을 통일하는 것이 바람직하다.

작아진 옷은 옷장 밖으로!

많은 사람들의 고민 중 하나가 '아침마다 입을 옷이 없다'는 것이다. 옷을 입으려고 해도 입을 옷이 없기 때문에 고민한다는 얘기다. 하지만 막상 이런 고민을 얘기하는 사람의 집에 가 보면 옷은 전혀 모자라지 않다는 것을 알 수 있다. 오히려 넘치고 넘친다. 회사원 K씨 역시 이런 고민을 하고 있는 사람 중에 한 명이었다. "입을 옷은 없는데 옷장은 늘 꽉 차 있어요"라고 토로하는 K씨의 옷장은 문이 닫히는 게 용할 정도로 늘 꽉 차 있었다. 그러나 아침마다 K씨는 옷장을 뒤지지만, 그 안에서 마음에 드는 옷을 꺼내서 입지 못하고 늘 마음에 들지 않는 옷차림으로 출근하고 있었던 것이다. 사실 K씨의 옷장에는 지금 K씨가 입을 수 없는 작은 사이즈의 옷이 많이 들어 있었다. 3년 전부터 업무 스트레스 때문인지 살이 부쩍부쩍 찌기 시작했고, 옷 사이즈도 달라졌기 때문이다. K씨의 옷장은 예전에 산 옷들로 가득해 지금은 입을 옷이 없는 상황이 되어버렸다. 하지만 K씨는 새로운 옷을 마음껏 사지도 못하고 있다. 왜냐하면 언젠가는 살을 뺄 것이고, 그러면 지금 옷장에 있는 옷들을 입을 수 있을 거라고 생각하기 때문이다. 그렇지만 살을 빼는 일은 쉽지 않았고, 그렇게 한 달, 두 달이 넘어 어느새 시간은 3년이 훌쩍 지나버린 것이다. 이렇게 옷 때문에 스트레스를 받고 있는 K씨는 우선 입을 수 있는 옷과 아닌 옷을 구분하는 일을 먼저 해야 한다. 작아져서 입지 못하는 옷은 유효기간이 지나 버렸기 때문이다. 물론 언제인가 살을 뺄 수 있고 또 작은 옷을 입을 수는 있다. 하지만 그때가 되면 아마 옷감은 낡고 색은 바래서 예쁘게 입는 일이 힘들 수 있다. 그렇다면 작아져버린 옷을 붙들고 씨름을 하는 것보다는 작아진 옷을 과감히 정리하고 옷장을 가볍게 하는 일이 필요하다.

만약 옷장을 정리하다가 빛이 바랬거나 누렇게 되어서 아깝게 된 옷이 있다면 아래 표에 나온 옷 되살리는 방법을 참고하여 충분히 다시 입을 수 있는 옷으로 탈바꿈시킬 수도 있다. 그러나 입지는 않는데 '아까워서, 언젠가는 입을지 몰라서, 살 때는 좋은 옷이어서'라는 이유만으로 작아도 버리지 않은 옷이 있다면 옷장에서 빼내도록 하자. 그래야 옷장의 빈 공간을 자신에게 정말 필요한 옷으로 채울 수 있기 때문이다. 마음먹고 옷장의 옷들을 모두 꺼내어서 입을 수 있는 옷과 그렇지 않은 옷으로 구분을 하는 것을 시작한다면 이미 절반은 정리에 성공했다고 볼 수 있다. 이렇게 비우고 정리하여 입을 수 있는 옷들을 차곡차곡 걸어 둔다면 아침마다 옷 때문에 실랑이를 하는 일은 없을 것이다.

되살려야 할 옷	방법
빛이 바랜 면 티셔츠	세탁하고 난 다음 식초를 한 컵 정도 섞은 물에 30분 정도 담갔다가 헹군다.
누렇게 된 흰색 속옷	식초를 몇 방울 넣어서 함께 삶은 다음 헹군다.
색이 바랜 검은색 옷	맥주를 섞은 물에 담갔다가 그늘에서 말린다.

▲ 옷 되살리는 방법

우리가 사용하지 않으면서 버리지 못하는 것 중에 하나가 이불장 안에 있는 이불이다. 결혼할 때 엄마가 해준 혼수이불이 그중 하나이다. 족히 10~20년은 되었을 것이다. 어떤 경우 50년이 넘었는데도 계속 보관하고 있는 사람도 있다. 그래서 왜 사용하지도 않는 이불을 그렇게 오랫동안 보관하는지 물어보면 대답은 거의 비슷하다. '목화솜이라 솜이 좋아서', '비싸게 준 것이라서', '엄마가 해준 것이라 버리기 죄스러워서' 등등 이유는 많지만 솜이 아무리 좋아도 몇 년, 아니 몇 십 년 동안 관리하지 않고 이불장에 방치되어 있는 이불이라면 유효기간이 지났다고 봐야 한다. 오히려 집 먼지, 진드기 등의 세균으로 건강을 해칠 수도 있다. 물건에 대한 집착은 물건이 아까워서라기보다 그 물건과 관계된 사람과의 관계 형성에 주목할 필요가 있다. 몇십 년 동안 버리지 못할 정도로 엄마와의 애착 형성이 잘 되어 있냐면 오히려 그렇지 않기 때문에 이불에 집착하는 경우가 많다. 이불에 집착하기보다는 엄마와 자주 통화를 하고 함께 식사를 하고 쇼핑을 함께하여 이불이 아닌 엄마와의 관계 형성에 노력해 보기 바란다. 사용하지 않는 이불이라면 지금이 아니어도 언젠가는 버려질 물건이다.

끝난 작업물은 퇴출!

회사에 가면 출근한 그 순간부터 퇴근하는 그 시간까지도 눈코 뜰 사이 없이 바쁠 때가 많다. 무언가를 물어보는 유관부서의 전화는 계속 오지, 해결을 바라는 이메일은

▲ 사무실의 책상

끊이지 않고 들어오지, 읽어 봐야 할 서류들은 쌓여만 가지……. 그러다 보면 어느 새 책상 위는 엉망이 되고 만다.

하지만 이럴 때일수록 책상 위를 깔끔하게 정리하는 게 좋다. 책상 정리가 잘 되어 있어야 일도 효율적으로 할 수 있고 생각도 정리하기 쉽다. 실제로 세계적인 CEO들의 근무 환경을 살펴보면 깔끔하게 책상을 관리하고 있다는 것을 알 수 있다. 세계적인 경영 컨설턴트 브라이언 트레이시 역시 '부자의 책상에는 절대로 너저분한 서류 더미가 없다'고 조언한다.

그렇다면 책상 위를 정리할 때 가장 먼저 버려야 할 것은 무엇일까? 순위를 매겨 보면 다음과 같다. 첫 번째, 일과 관련이 없는 것이다. 일과 관련이 없는 인형, 장식품, 거울, 화분, 가족사진 등은 시선을 분산시켜서 일의 능률을 떨어뜨린다. 일을 하려고 책상

에 앉았다가도 인형을 보고 '아, 저 인형은……' 하면서 생각이 흩어지기 때문이다. 건강에 좋다고 작은 화분을 책상에 놓고 업무를 하는 사람들도 있는데 자칫 잘못 건드려 화분이 엎어지기라도 하면 그것을 처리하는 데 업무 시간을 빼앗기기 십상이다. 가족사진 또한 책상의 공간을 잡아먹을 뿐 아니라 업무에 도움이 되지도 않는 물건이다. 가족 사랑은 가정에서 충분히 쏟기 바란다. 두 번째, 집으로 가지고 가야 할 물건들이다. 시간이 없어서 회사에서 받은 택배, 읽다가 만 책, 회사 동료가 준 선물 등은 사무실 책상 위를 비좁게 만들 뿐이다. 집으로 가져갈 물건들은 신속하게 가져가고 사무실은 일할 공간으로 만들어야 한다. 그리고 세 번째는 작업이 끝난 작업물이다. 지난 분기에 작업한 보고서, 이미 종료된 프로젝트를 위한 서류 등은 책상 위에서 빨리 퇴출시켜야 한다. 이때는 바로 버리지 말고 일정한 유예기간을 두는 것이 좋다. 분기나 프로젝트별로 분류하여 서랍에 넣어 보관하거나 스캔을 받아 파일로 보관하는 방법도 있다. 그래야 다음에 필요할 때 찾아서 참고할 수 있기 때문이다.

    잘 버리고 잘 정리해야 자신의 생각 역시 잘 정리될 수 있고 집중을 잘할 수 있다. 실제로 많은 업적을 남긴 20세기 천재 과학자 아인슈타인 역시 뛰어난 정리 감각을 가지고 있었다고 전해진다. 한번은 아인슈타인이 자신을 찾아온 기자와 인터뷰를 하게 되었는데, 인터뷰 도중 기자가 "박사님이 쓰시는 과학 장비 중에서 가장 중요한 것을 보여주세요"라고 말했다고 한다. 그러자 아인슈타인은 자신의 옆에 있던 쓰레기통을 가리켰다. "나는 머릿속에 생각이 떠오르면 잊어버리지 않도록 메모로 정리해요. 그리고 나서 골똘히 생각하고 난 후 더 이상 필요 없는 메모지는 버리지요!" 필요한 것은 정리하고 필요 없는 것은 버리는 것이 바로 아인슈타인이 놀라운 이론과 업적을 만들 수 있었던 원동력이었던 것이다.

보관 기간이 지난 음식물은 안 돼!

최근 들어 760L, 820L, 910L 등 용량이 점점 큰 냉장고가 늘어나고 있는 추세이다. 한 가구에 사는 식구는 예전보다 줄었지만 냉장고는 점점 더 커지고 있다. 뿐만 아니라 냉동실과 냉장실로 간단하게 나누어지던 단순한 냉장고에서 진화해 양쪽으로 열리는 양문형 냉장고는 물론, 냉동고, 김치냉장고, 와인냉장고, 화장품 냉장고까지 줄줄이 나왔고 부엌의 한 공간을 차지하고 있다. 그러다 보니 냉장고 속에 보관할 수 있는 음식물의 양도 점점 많아지게 되었다. 이사라도 한번 하려고 냉장고 속 물건을 모두 꺼내 놓으면 부엌이 꽉 찰 정도로 음식들이 나올 때가 많다. 얼마 전에 이사를 하려고 냉장고 속 음식물을 모두 꺼낸 주부 M씨는 깜짝 놀랐다. 포장이사 업체 직원에 의해 꺼내진 음식물이 너무 많았기 때문이다. "어머, 이건 언제 샀던 거지?" 하고 계속 놀라게 되어 M씨는 좀 민망하기까지 했다. 그런데 이런 일은 비단 M씨에게만 해당되는 일은 아니다. 우리 역시 냉장고 안쪽 깊이 있어 미처 몰랐던 고기를 발견할 때도 있고, 언제 넣어두었는지 알 수 없는 빵을 발견해 먹어도 될까 말까를 고민할 때도 있는 것이다. 고등어가 냉동실에 있는 줄 모르고 마트에서 고등어를 사 오기도 하고, 양파가 물러지고 있는 줄 모르고 냉장실에 방치하기도 한다. 이렇게 냉장고 속에 음식물이 많다면 마음먹고 정리를 해 볼 필요가 있다. 그리고 만약 오래된 음식물이 있다면 눈물을 머금고 버리는 것이 바람직하다. 음식물에는 저마다 보관 기간이 있기 때문이다. 아깝다고 먹었다가는 원재료의 맛도 느끼지 못하고 식중독이나 배탈이 날 수 있음을 명심해야 한다. 냉장고는 이름 그대로 음식이 상하지 않도록 저온으로 신선하게 보관하는 장치일 뿐 음식을 영원히 안전하게 지켜주는 '마법의 상자'가 아님을 잊지 말아야 한다. 또한 냉장고 안을 꽉꽉 채우게 되면 그만큼 전기세도 많이 나오고 냉장고 안의 음식들도 신선하게 보관하기 힘들다. 주위 온도가 10℃ 올라갈 때마다 냉장고의 전력 소비량은 10~20%씩 상승하기 때문에 봉풍에 신경을 씨야 한다. 때문에 냉장실은 꽉꽉 채우지 말고 60~80%만 채우는 것이 좋고, 냉동실은 80% 정도 채우는 것이 전기료를 아껴 알뜰하게 냉장고를 사용할 수 있는 방법이다.

냉장고 정리할 때 주의해야 할 것은 첫째, 나물류 등은 데쳐서 납작하게 얼리는 것이 좋다. 둥그렇게 얼리면 공간도 많이 차지하고 해동할 때 시간도 많이 걸린다. 그렇다고 둥그렇게 얼린 식재료를 녹여서 다시 납작하게 얼려서는 안 된다. 한 번 얼린 것은 그대로 먹고 새롭게 냉동할 때부터 납작하게 얼리도록 한다. 둘째, 납작하게 얼린 것은 세로로 세워 보관한다. 다른 식재료를 겹쳐서 쌓게 되면 밑에 있는 것을 꺼낼 때 위쪽에 있는 것을 모두 꺼내야 하는 불편함을 겪게 된다. 셋째, 고춧가루, 멸치 등은 소분하여 보관해야 공기의 접촉을 막아 맛도 향도 끝까지 유지할 수 있다. 넷째, 냉기 전달이 잘 될 수 있는 바구니를 사용하는 것이 좋다. 결국 음식을 신선하게 먹고, 냉장고의 전기료를 줄이려면 냉장고 속 보관 기간이 지난 음식을 과감하게 버리는 수밖에 없다. 어차피 먹지 못하는 음식은 아까워서 넣어둔다고 해도 결국은 먹지 않기 때문이다.

부산의 한 지자체에서 늘어가고 있는 음식물 쓰레기를 줄이고 경비를 절감하는 방법에 대해 문의를 한 적이 있었다. 음식물 쓰레기 처리 비용을 줄이기 위해서는 음식물 쓰레기가 나오는 것을 줄이는 것이 방법이

▲ 뒤죽박죽 냉장고

다. 쓰레기가 나오지 않는다면 처리 비용을 고민하지 않아도 되기 때문이다. 냉장고 정리만 잘해도 음식물 쓰레기는 반으로 줄 것이다. 시간이 좀 걸리겠지만 아파트 주민들에게 지속적인 냉장고 정리수납의 방법을 교육하는 것이다. 우리가 흔히 얘기하듯 고기를 잡아주는 것이 아니라 고기 잡는 방법을 알려주는 것이 더 효과적이기 때문이다. 다음 '식품별 냉장고 보관 기간'을 잘 참고하여 기간이 지난 음식물은 이제 그만 안녕하자.

어육류의 최적 보관 기간

분류	품명	보관 온도		최적 보관 기간		비고
		냉장	냉동	냉장	냉동	
육류	쇠고기	4	-12~-18℃	3일~5일	1개월~3개월	냉장 또는 냉동 상태로 보관
	돼지고기	4	-12~-18℃	2일~3일	15일~1개월	
가금류	닭고기	4	-12~-18℃	2일~3일	15일~1개월	
생선류	생선류	4	-12~-18℃	1일~2일	15일~1개월	
패류	패류	4	-12~-18℃	1일~2일	15일~1개월	
기타	두부류	4	-12~-18℃	1일~2일	15일~1개월	찬물에 담갔다가 냉장시키거나 찬물에 담가 보관
	달걀	4	-12~-18℃	7일~2주	15일~1개월	씻지 않고 냉상 상태로 보관
	어묵	4	-12~-18℃	2일~5주	15일~1개월	냉장 상태로 보관
갑각류	게, 새우	4	-12~-18℃	1일~2일	(3~4개월)	

주식류의 최적 보관 기간

품명	보관 온도	최적 보관 기간 (최장 보관 기간)	비고
엽채류	4~6℃	1일	씻은 상태
	15~26℃	3일	씻지 않은 상태
근채류	4~6℃	2일	
	15~26℃	3개월	무 : 보관일 7일
과채류	7~10℃	5일	
	15~25℃	3일	
감자류, 뿌리채소류	20℃	(7~30일)	씻지 않은 상태
쌀	15~25℃	3개월	
보리쌀	15~25℃	3개월	
밀가루	15~25℃	3개월(9~12개월)	
식빵	15~25℃	48시간	
건면	15~25℃	4개월	
라면	15~25℃	3개월	
시리얼	15~25℃	(6개월)	
마카로니, 스파게티	15~25℃	(2~4개월)	

※식품의약품안전처 홈페이지

03 현명하게 버리면 된다

요즈음은 버리는 것도 일이고 돈이다. 버리는 것의 가장 현명한 방법은 필요한 사람에게 주거나 아름다운 가게 같은 곳에 기부하는 것이다. 버릴 때는 재활용 물품은 같은 종류의 재활용 물품끼리 잘 분리해서 버려야 하고, 덩치가 큰 가전제품이나 가구 등은 수거 업체에 연락을 해야 한다. 음식물 하나를 버릴 때도 음식물 쓰레기인지 아닌지를 따져야 한다. 따라서 버릴 때에는 그냥 내 공간에서 빼내는 것만을 생각해서는 안 된다. 어떻게 버릴지, 어디에 버릴지, 언제 버릴지까지 현명하게 고민해야 하는 것이다.

필요 없는 물건을 구별하라

　영국의 정리 컨설턴트 메리 램버트가 쓴《물건 버리기 연습》이라는 책에서 저자는 물건을 버리라고 말한다. 모든 물건에는 고유의 에너지가 있는데 사용하지 않은 채 방치된 물건에서는 좋지 않은 에너지가 나오기 때문이란다. 덧붙여 저자는 100개의 물건만 남기고 다 버릴 것을 권한다. 지금 우리에게 100개의 물건만 남기는 것은 아주 어려운 일일 것이다. 하지만 100개의 물건만은 아니더라도 나에게 어떤 물건이 필요한지, 어떤 물건이 필요 없는지는 구별할 수 있어야 한다. 그러지 않으면 내 주위는 여전히 뒤죽박죽이고, 내 생활은 불편하게 되고 이보다 더 심각한 문제는 나는 원래 정리를 못하는 사람이라고 낙인찍게 되는 것이다. "이건 제가 산 건데 아직 쓸 만하지 않아요?", "안 쓰기는 하지만 고장이 안 났는데 어떻게 버려요?"라고 하면서 물건을 들고 고민한다면 스스로 필요 없는 물건을 구별하는 과정이 필요할 때이다. 현명하게 버리기 위해서는 먼저 버릴 물건을 선택해야 하는데 그러기 위해서는 필요 없는 물건을 구별하는 난계가 필수적이기 때문이다. 필요 없는 물건을 구별할 때는 스스로에게 질문을 하는 것이 좋다. 특히 버리지 못하는 자신에게 4W1H에 맞춰 질문을 해보면 매우 효과적이다. 물건이 필요한지 아닌지를 보다 객관적으로 볼 수 있기 때문이다. 먼저 4W1H 질문법의 첫 번째는 What이

> **4W1H 질문법**
>
> 1. What '이것은 무엇이지?'
> 2. Why '왜 필요하지?'
> 3. When '언제 사용했었지?' 또는 '언제 사용할 거지?'
> 4. Who '누가 사용할 거지?'
> 5. How '어떻게 사용할 것이지?'

다. '이것은 무엇이지?'라고 물어보는 것이다. 그러고는 스스로 "이것은 우리 아이 장난감이야"라고 대답한다. 다음 질문으로는 Why이다. '왜 필요하지?'라고 물어보면 된다. 이때는 "아이가 잘 가지고 놀았기 때문에"라고 답할 수 있을 것이다. 이어서는 When과 Who에 대한 질문인데, '언제 사용했는지, 언제 사용할 건지'와 '누가 사용할 건지'를 물어보는 것이다. 이에 대한 대답은 "아이가 초등학교에 들어가기 전인 3년 전에" 식으로 대답할 수 있다. 끝으로 How에 대한 질문이 남았는데, '어떻게 사용할 것인지'를 물으며 만약 이 물건을 진짜 버리지 않을 것이라면 앞으로 어떻게 사용할 것인지에 대해 객관적으로 생각해 보고 판단해야 한다.

이렇게 4W1H 질문법을 통해 물건을 객관적으로 판단했다면 이 물건이 필요한지 아닌지는 보다 명확해진다. 아이가 잘 가지고 놀았던 장난감인데 3년 전까지만 필요했던 거라면 지금은 더 이상 필요가 없는 물건이기 때문이다. 이러한 질문은 단지 장난감에만 해당되는 것은 아니다. 책, 옷, 주방용품, 가전제품, 문구류 등 모든 물건에 해당되는 질문이기 때문이다. 물론 이런 4W1H 질문법에도 예외가 있는 물건은 있다. 바로 추억이 담긴 물건이다. 지금은 크게 사용하지 않고, 구입한 가격도 얼마 되지는 않지만 그 물건에 추억이 담겨 있다면 객관적으로 판단하기 힘이 들 수밖에 없다. 때문에 이런 추억이 담긴 물건들은 예외로 하고 정리를 하는 것이 보다 편하고 빠르게 정리할 수 있는 방법 중 하나이다. 추억이 담긴 물건들에 발목이 잡힌다면 물건 정리는 이미 뒷전이고 과거를 떠올리며 또다시 추억에 잠길 수밖에 없을 것이다.

공간별 버려야 할 물건을 선택하라

우리 집이나 사무실은 각각의 공간별로 역할이 있고 이 역할에 따라 있어야 할 물건들이 나뉜다. 따라서 공간에 맞지 않는 물건은 과감히 옮기거나 버리는 것이 바람직하다. 공간별 버려야 할 물건의 1순위를 정할 때는 '이 공간이 있는 목적이 무엇인가?'를 생각해 보면 된다. 각각의 공간이 있어야 할 목적이나 이유를 생각하면 그 공간에서 불필요한 물건이 무엇인지 알 수 있기 때문이다.

• 드레스룸 드레스룸을 떠나야 할 옷의 1순위는 잘 입지 않는 옷이다. 많은 옷 중에서 잘 입지 않게 된 옷을 살펴보면 여러 가지 이유가 있지만, 크게 나누어 보면 대강 다음과 같다. 먼저, 몸에 잘 안 맞는 옷이다. 옷이 작아졌거나 사이즈를 잘못 샀는데 미처 바

꾸지 못한 옷은 내 몸에 맞지 않기 때문에 잘 입지 않을 수밖에 없다. 두 번째로는 수선해야 할 옷이다. 단추가 떨어졌거나 옷의 색이 변해서 표시가 너무 많이 난다면 입기 꺼려졌을 수밖에 없다. 세 번째로는 좋아하지 않는 옷이다. 입었는데 사람들의 평이 안 좋았거나 내가 입고 불편했다면 그 옷은 좋아하지 않게 되어 입지 않게 된다. 아무리 아끼는 접시라도 깨지거나 금이 가면 아깝다고 생각하면서도 어쩔 수 없이 쓰레기통에 버리게 된다. 반면 옷장에 넣어 놓은 옷은 10년 아니 20년이 지나도 찢어지거나 낡지 않는다. 그래서 다른 물건에 비해 옷은 더 버리기 쉽지 않은 물건이다. 그렇기 때문에 옷을 버리는 것은 낡거나 망가지지 않았다 하더라도, 3년 동안 한 번도 입지 않은 옷은 새 옷이라도 버리겠다는 기준을 정해 놓는 것이 중요하다. 물론 그 기준은 사람마다 다르겠지만 무엇보다 옷을 버린다는 개념보다는 의류함에 넣는 것만으로도 기부를 할 수 있는 좋은 기회라 생각하면 된다.

• 부엌 요리를 하고 맛있게 음식을 먹는 부엌에는 많은 물건들이 있다. 때문에 다양한 조리 도구들이 이곳저곳에 흩어져 있기 일쑤다. 부엌에서 버려야 할 1순위의 물건은 넘쳐나는 조리 도구와 그릇들이다. 식구 수에 비해 지나치게 많은 냄비와 프라이팬, 낡아서 쓰지도 않는데 공간을 차지하고 있는 그릇, 하나둘씩 선물 받은 머그잔들은 부엌에서 정리해야 한다. 아이들이 있는 집에서

아이스크림 수저와 빨대 같은 물건은 필요하다. 하지만 사용량에 비해 너무 많이 가지고 있는 것은 문제다. 요즘은 특히 집집마다 서너 개씩 가지고 있는 것이 텀블러이다. 더 이상 필요하지 않은 물건이라면 처음부터 집에 가지고 들어오지 않도록 하는 것이 가장 좋

▲ 잘 정리된 부엌

다. 손님이 올 때 사용할 것이라며 쌓아 놓은 접시들이 식탁에 올라와 사용되는 횟수가 얼마나 되는지는 냉정하게 생각해 봐야 한다. 사용할 조리 도구와 그릇들만 남기면 공간에 여유도 생기고 어떤 물건들이 있는지도 더 잘 알 수 있다.

• 침실 편안하게 휴식을 취하고 내일 다시 활동할 힘을 얻는 공간인 침실은 잠을 자는 곳이다. 따라서 휴식과 잠을 방해하는 물건이 침실에서 버려지는 1순위가 되어야 한다. 화려한 장식이 달려 있어서 신경에 거슬리는 장식품 등은 침실의 목적에 맞지 않는 물건에 불과하다. 침실에 TV가 놓여 있다면 거실이나 다른 공간으로 옮기는 것이 휴식에 도움이 된다. 여러 고객들의 집을 방문해 보면 침실에서 특히 거슬리는 것이 스탠드형 옷걸이다. 옷걸이에 언제부터 걸린 옷인지 모르게 겹치고 또 겹쳐져 곧 옷걸이가

쓰러질 것 같이 보이는 경우가 많다. 잠옷이나 실내복은 옷걸이를 사용하지 말고 옷장에 한 공간을 만들어 한두 개 정도만 수납하는 것이 좋다. 침실에서 배출되어야 하는 물건 중에 소리가 너무 크게 나는 시계나 부부의 물건이 아닌 아이들의 물건도 제자리를 찾아주는 것이 좋다.

물건에 따라 버리는 법을 달리하라

공간의 목적에 맞지 않는 물건을 고르고 빼내었다면 다음 단계는 물건을 잘 버리는 것이다. 사람들이 "요즘은 물건을 사는 것보다 버리는 게 더 힘들어"라고 말할 정도로 물건을 버리는 방법이 까다로워져서 물건을 버릴 때에도 신중하게 버려야 한다. 각각의 물건의 특징에 맞게 버리는 법을 달리해야 하기 때문이다.

• **재활용품** 종이류, 유리병류, 캔류, 의류 등 각 종류에 맞게 분리해서 배출해야 한다. 그래야 재활용될 수 있다. 종이의 경우는 재활용할 수 있는 종이들만 따로 모아 잘게 부수고 표백제로 깨끗이 표백하는 과정을 거친다. 그리고 재활용 종이나 휴지 등으로 만들어지는 것이다. 또한 플라스틱의 경우 역시 원재료를 만드는 소재로 다시 재활용된다.

분류	물품	배출 방법
종이류	• 종이컵, 종이팩 • 상자, 책, 인쇄용지 • 신문지	• 이물질이 없는 깨끗한 상태로 잘 모아야 한다. • 비닐코팅 부분이나 테이프 등을 제거하고 묶어서 배출한다.
유리병류	• 음료수병	• 병뚜껑 제거 후 내용물을 비우고 배출한다.
고철류	• 고철 • 비철금속	• 고무, 플라스틱 등 이물질을 제거한 뒤에 배출한다.
캔류	• 철 • 알루미늄 캔	• 내용물을 비우고 물로 헹군 후 눌러서 배출한다.
플라스틱류	• PET	• 다른 재질로 된 뚜껑이나 부착 상표 등을 제거한 다음 배출한다.
스티로폼류	• 스티로폼	• 이물질을 제거한 다음 배출한다.
필름류	• 비닐봉지	• 과자 봉지처럼 분리 배출 표시가 되어 있는 비닐봉지는 이물질 제거 후 배출한다.

▲ 재활용품 분리 배출 방법

• 의류 입지 않는 의류를 버릴 때에는 그 방법을 크게 두 가지로 나누어 볼 수 있는데, 재활용 의류 수거함을 이용하는 방법과 의류를 파는 방법이 그것이다. 의류 수거함은 비려진 의류를 수거하여 자원을 절약하는 목적으로 대부분 각 구청에서 설치한 것이다. 의류 수거함에 넣을 때는 신발은 한 켤레가 되도록 짝을 맞추어 비닐봉지에 담아 넣고 다른 사람이 사용할 수 있도록 정갈하게 넣는 것이 좋다.

또한 의류 수거 업체를 이용하여 의류를 파는 방법도 있다. 이때 의류는 한 벌씩 파는 것이 아니라 무게로 재어서 그 무게만큼 돈을 받고 파는 방식이 대부분이다. 방문해서 헌 옷을 수거하는 업체가 지역별로 다양하게 운영되고 있으니 주위의 이용 후기를 들어보고 꼼꼼하게 따져서 이용하는 것이 바람직하다.

▲ 분리 배출이 안 된 쓰레기

• 폐가전제품 소형이든 대형이든 폐가전제품은 재활용품 대상 품목이 아니기 때문에 주민자치센터에서 배출 스티커를 구매하여 부착하고 버려야 한다. 집에 찾아보면 쓰지 않는 전자제품들이 의외로 많이 있다. 어떻게 버려야 할지 몰라서 집에 묵혀 두고 있다면 한국전자산업환경협회에서 하는 대형 폐가전제품 무상 방문 수거 서비스를 이용하면 된다. 대형 폐가전제품을 무료로 방문해서 수거해주는 서비스로 인하여 앞으로는 스티커를 구매하고 부착하여 옮겨야 하는 고생을 하지 않아도 된다. 인터넷을 통해 간단하게 배출 예약만 하면 지정 예약된 날짜에 맞게 집으로 방문하여 편하게 수거를 해 가니 필요할 때 활용하면 된다.

- **음식물 쓰레기** 음식물 쓰레기는 음식물 쓰레기통에 버리거나 음식물 쓰레기봉투에 담아서 버려야 한다. 분리 배출되는 음식물 쓰레기는 대부분 사료나 퇴비로 만들어지는 등 재활용되고 있다. 단, 파나 미나리 등의 뿌리나 옥수수의 껍질은 채소류이기는 하지만 음식물 쓰레기는 아니므로 일반 쓰레기봉투에 담아 버려야 한

> **TIP**
>
> **버려도 괜찮은 물건 리스트**
>
> 사람마다 버려야 할 물건과 버리지 말아야 할 물건은 다르다. 그래도 공통적으로 버려도 괜찮은 물건들은 있다. 버리고 나서 크게 후회하지 않을 물건들은 미련 없이 버리는 게 공간 정리의 시작이다.
>
> | 물건 | 이유 |
> | --- | --- |
> | 잡지 과월호 | 언젠가는 읽을 것 같아 챙겨 두지만 최신 잡지에 밀려 읽지 않는다. |
> | 고장 난 전기제품 | 오랫동안 고쳐서 사용하지 않은 것이라면 고쳐도 쓰지 않을 확률이 높다. |
> | 오래된 화장품 | 비싸게 주고 사서 버리기 아까워하지만 막상 사용하기에는 불안해 쓰지 않는다. |
> | 늘어난 외출복 | 집에서라도 입을 것 같아 남겨두었지만 집에서 입기에도 불편해 입지 않는다. |
> | 패브릭 인형 | 인형을 가지고 놀 나이가 아니라면 오히려 먼지로 인해 인체에 해가될 수 있다. |

다. 뿐만 아니라 호두, 밤 등의 딱딱한 껍데기, 소나 돼지의 뼈다귀, 조개나 소라, 굴 등의 껍데기, 달걀 껍데기, 티백에 담긴 차 찌꺼기 역시 음식물 쓰레기가 아니므로 일반 쓰레기로 처리해야 한다.

04

편하게 살고 가볍게 간다

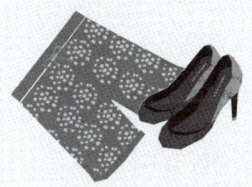

세상에서 가장 가난하며, 가장 검소한 대통령으로 우루과이 호세무이카 대통령을 꼽는다. 2013년 SBS에서 방송된 〈리더의 조건〉에서 호세무이카 대통령은 월급 130만 원, 전 재산이 중고차 한 대, 부인 명의로 된 집에서 거주하면서도 "나는 가난한 대통령이 아니다. 단지 간소한 삶을 선택한 것이다"라고 말했다. 간소한 삶을 선택하면서 많은 것들을 소유하는 데 시간을 낭비하고 싶지 않다고 했다. 간소함이 주는 삶의 여유가 좋다고 말하는 호세무이카 대통령이야 말로 무소유를 몸소 실천하고 있는 것이 아닌가 싶다. 반면 '말 타면 경마 잡히고 싶다'는 속담이 있다. 한 가지를 이루면 다음에는 더 큰 욕심을 갖게 된다는 말로 사람의 욕심은 끝이 없음을 비꼬는 속담이다. 하지만 욕심을 부려서 양손 가득 움켜쥐고 있으면 마음은 절대 편하지 않은 법이다. 누가 내 것을 가져갈까 봐 걱정해야 하고, 다른 사람은 더 좋은 것을 가지고 있지는 않은지 두 눈 부릅뜨고 살펴야 하기 때문이다. 하지만 이렇게 살면 늘 마음이 무겁고 힘들 뿐이다.

나이 들면서 정리할 버킷 리스트를 만들라

화목하고 단란한 칠순 잔치를 얼마 전에 치른 K씨는 요즘 생각할 것이 많다. 자식들은 다 잘 자라주었고, 먹고 살 걱정은 없지만 자신이 해야 할 일이 있기 때문이다. 바로 죽기 전에 자신의 주변을 정리하는 것이다. 이런 얘기를 자식들에게 하면 "아버지는 정정하신데 왜 그런 말씀을 하세요? 그냥 친구 분들이랑 놀러 다니면서 즐겁게 사세요"라며 손사래를 치지만 아직 정정하기 때문에 정리해야 한다고 K씨는 생각하고 있다. 자신이 죽고 나서 자신의 물건들을 누가 정리해줄 것인지를 생각하니 그다지 마음이 편하지 않기 때문이다. 또한 내가 사용하고 있는 물건을 남에게 치우게 하는 수고로움을 끼치고 싶지 않다고 한다.

K씨와 같은 생각을 하는 사람은 의외로 많이 있다. '자식에게 폐를 끼치기 싫어서', '내 물건은 내가 정리하고 싶어서', '인생을 돌아보고 싶어서' 등의 이유로 자신의 물건들을 정리하려고 하는 것이다. 결혼할 때 가지고 온 혼수이불, 소중한 사람으로부터 받은 선물, 부모님께서 사용했던 물건이기는 하지만 나에게는 필요 없는 물건들까지 우리는 평생 물건을 집으로 가지고 들어오기만 하지 집에서 밖으로 내보내는 경우는 많지 않다. 물건 하나하나를 살펴보면 작은 사연 하나 없는 물건은 없다. 그 사연과 추억 때문에 평생을 간직한 물건들도 내가 죽고 나면 돈이 되는 물건 이

외에는 모두 버려지거나 불태워진다는 것 또한 모두가 잘 알고 있다. 이제 생각을 조금 바꿔 보자. 내가 죽고 나서 내가 살면서 보관하고 있던 사용하지 않은 물건들이 결국 쓰레기 소각되듯 처리될 텐데 어차피 버려지게 될 나의 물건을 남에게 치우게 하는 수고로움을 줄여주자는 것이다. 자식이든 전문가든 누군가에게 넘겨져서 쓰레기처럼 버려질 물건들은 내가 살면서 조금씩 정리해야 한다. 사실 사람들은 죽기 전에 해 보고 싶은 일이 많이 있다. 그래서 '버킷 리스트(bucket list)'라는 목록을 만들어 하나씩 실행에 옮겨 보기도 한다. 하지만 정작 중요한 버킷 리스트 중 하나는 스스로를 잘 돌아보고 정리하기이다. 물론 미처 가 보지 못했던 곳을 여행하고, 먹어 보지 못했던 맛있는 음식을 먹어 보는 것도 중요하다. 하지만 자신이 가지고 있는 물건들을 하나하나 정리하면서 스스로의 생활을 가볍게 하는 것이야말로 진정으로 필요한 일이다. 그래서 쓰지 않는 물건들은 정리하여 버리고 최대한 가볍게 살 필요가 있다. 이렇게 정리하는 과정에서 욕심은 점점 줄어들고 자신이 가진 것에 만족할 줄 알게 되는 마음까지 덤으로 얻게 된다. 물건을 비우고, 그 빈자리를 가족이나 친구들과의 관계 형성으로 느낄 수 있는 사랑과 행복으로 채우기 바란다.

〈위클리비즈〉의 편집장인 이지훈은 《단(버리고, 세우고, 지키기)》이라는 책을 통해 단순함의 중요성을 이야기하고 있다. "단순함은 고요함을, 고요함은 평안함을, 평안함은 무엇에도 쉽게 흔들리지 않는 안정감을 가져온다"고 말하며 버리는 삶의 중요함에 대해 역설하고 있는 것이다.

  2000년 7월 나는 캐나다 토론토에 주재원으로 발령을 받았다. 그 당시 한 부서에서 10년 넘게 근무했기 때문에 모두들 인수인계도 쉽지 않을 것이라고 했다. 그런데 막상 후임을 뽑고 업무를 정리하여 넘기는 데 그리 많은 시간이 걸리지 않았다. 내가 했던 일, 내가 가지고 있던 것이 나 아니면 안 될 것 같았지만 넘기고 나니 시간이 좀 걸리기는 하지만 다른 사람들도 충분히 할 수 있는 일들이었다. 꼭 나여야만 할 것 같은 생각의 오류를 범하고 살았다는 것을 내 업무를 정리하면서 알게 되었다. 회사 업무를 정리하고 토론토에 도착했을 때 내가 가지고 갔던 짐은 이민가방 달랑 하나였다. 도착해서 바로 사용해야 할 물건들만 챙기고 나머지 물건들은 화물로 보냈다. 운송회사에서 문제가 생겼는지 두 달이 넘어서야 물건을 찾게 되었는데 지금 생각해 보니 이민가방 하나 분량의 물건으로도 두 달 넘게 사는데 별 지장이 없었던 것 같다. 물건이 오면 좀 더 편하게 생활할 수 있을 거라 생각했지만 물건이 집으로 배달되고 화물운송 업체에서 정리수납을 해주고 갔는데 그때부터 나는 매일 입을 옷을 찾고, 서류를 찾고, 물건을 찾는 데 허비하는 시간들이 늘어났다. 많은 것이 불편하다는 것을 뼈저리게 느꼈던 것이다. 많음이 적음을 이기지 못한다는 것과 비움의 미학이 무엇인지 알 수 있었던 시기였다. 사람의 욕심은 늘 끝이 없다. 다른 사람이 가진 것을 보면 더 가지고 싶고, 욕심 때문에 나쁜 짓을 하기도 한다. 오죽하면 속담에 '바다는 메워도 사람의 욕심은 못 메운다'고 했겠는가? 하지만 덜 가진다고 행복하지 않은 것도 아니고 크게 불편하지도 않다. 아무리 옷장에 모자가 많아도 내가 지금 쓸 수 있는 모자는 한 개뿐이고, 아무리 냉장고에 음식이 많아도 내가 배부르면 더 이상 먹을 수 없다는 것을 기억해야 한다. 그래야 내가 가진 물건에 치이거나 눌리지 않고 가볍게 정리하고 홀가분하게 인생을 꾸릴 수 있다.

TIP

나이 들면서 정리할 버킷 리스트

스스로 더 늦기 전에 자신의 버킷 리스트를 만들어 보는 것이 바람직하다. 정리할 것은 무엇이고 그것은 언제 할 것인지까지 정확하게 써두면 훨씬 실행에 옮길 가능성이 높아진다. 다음의 예시를 통해 나만의 버킷 리스트를 만들어 보자.

우선순위	카테고리	내용	실시 예정일	실시 여부	느낀 점
1	가족에게 할 일	가족에게 고마운 마음을 담은 편지 쓰기			
2		가족과 함께 추억 만들기			
3		다른 가족 물건 정리해주기 (역할 바꾸기)			
4	내 집에서 할 일	수첩과 앨범 정리하기			
5		소장하고 있는 책들 정리하기			
6		묵혀 둔 옷들 정리하기			
7	친구들에게 할 일	음식 만들어 함께 먹기			
8		벼룩시장 열어 물건 나누기			
9		필요하지 않은 물건 모아 봉사하기			

나 자신을 위한 정리를 하라

유엔은 2009년 「세계인구고령화 보고서」를 통해 평균 수명이 80세가 넘는 나라가 2000년 6개국에서 2020년이 되면 31개국으로 늘어날 것이라고 전망하였다. 그리고 이러한 시기를 '호모 헌드레드 시대'라고 명명하였다. 즉, 100세 시대가 된 것이다. 이렇게 수명이 길어진 시기에 현명하게 살려면 나 자신을 위해 정리를 잘해야 한다. 다른 사람들에게 보여주기 위해서 물건을 정리하는 것, 예쁘게 꾸며서 진열하는 것이 아닌 나 자신을 위한 정리를 해야 한다는 이야기이다. 정리는 더 나은 환경을 만드는 일이다. 하루하루 자신의 삶을 잘 정리하면서 살아가는 사람은 같은 일을 해도 성취율이 높다. 오늘 할 일은 오늘 정리를 하고 귀찮아서 미루고 싶은 일도 어차피 해야 하는 일이라면 바로 실행하는 습관을 들여야 한다. 그러다 보면 깜빡하거나 해야 할 일을 놓치는 경우가 적어질 수밖에 없다. 정리는 나의 생각을 바꿔 행동으로 옮기게 하고 이 행동이 습관이 되면 정리에 대한 스트레스와 부담감이 줄어들 것이다. 남을 위해서가 아니라 나 자신을 위한 정리를 하기 위해서는 몇 가지 규칙이 필요하다. 첫 번째 규칙은 내 생활을 가볍게 하기 위한 정리를 해야 한다는 것이다. 여기서 정리는 물류창고의 수많은 상자를 쌓고 저장하는 식의 정리가 아니다. 버릴 수 있는 것은 최대한 버리고 필요한 물건들만을 가지고 내 생활을 보다 가볍게 만들기 위한 정리를 해야 한다. 사용하지도 않는 접시를 잔뜩 쌓아 놓아 그중 하나를 꺼내려면 위에 쌓여 있던 접시를 내리고 꺼내고 다시 올려놓고 하는 행동을 평생 해야한다고 생각하면 그 일은 우리가 상상하지 못할 만큼의 노동이 될 수 있다. 필요한 만큼의 접시만 가지고 생활하는 것이 내 몸을 좀 덜 고달프게 만드는 것이다. 두 번째 규칙은 과거와 미래보다는 현재에 맞는 정리를 해야 한다는 것이다. 과거에 아끼던 물건도 중요하고 미래에 쓸지 모르는 물건도 중요하지만 보다 중요한 것은 현재의 생활이다. '쓰는 것'과 '쓸 수 있는 것'을 판단할 수 있는 판단력이 필요하다. 내가 가지고 있는 모든 물건들이 '쓸 수 있는 것'이기는 하지만 '쓰는 것'은 아님을 기억하기 바란다. 따라서 현재 나 자신의 생활을 편하게 하기 위한 정리를 하는 것이 바람직하다. 마지막으로 세 번째 규칙은 사람이 먼저가 되는 정리를 해야 한다는 것이다. 비싸고 좋은 물건이지만 내가 좋아하지 않았던 것이라면 아낌없이 비우는 게 낫다. 홈쇼핑 방송을 보다가 충동적으로 구매한 발 마사지 기계가 별로 시원하지 않아서 사용하지 않게 되었다면, 볼 때마다 괜히 산 것 같아서 속만 상하는 물건이라면 비싸게 산 것이라도 버리는 것이 낫다. 그게 바로 나 자신을 위한 정리이기 때문이다.

수의에는 주머니가 없다!

사람은 죽고 나면 살아 있을 때 입었던 옷을 모두 벗고 '수의(壽衣)'라 불리는 옷을 입는다. 부유한 사람이었다면 비단으로 된 좋은 수의를 입을 것이고, 가난한 사람이었다면 그렇지 못한 천으로 만든 수의를 입을 것이다. 하지만 부자의 것이나 가난한 사람의 것이나 수의에는 공통점이 있다. 바로 주머니가 없다는 것이다. 주머니가 없기 때문에 아무것도 넣어갈 수가 없다. 불교에서는 인생을 말할 때 빈손으로 왔다가 빈손으로 가는 '공수래공수거(空手來空手去)'라고 한다. 사람이 세상에 나올 때 들고 온 것 없이 빈손으로 태어나는 것처럼 죽어서 갈 때도 일생 동안 내 것인 줄 알고 애써 모아 놓았던 모든 것을 그대로 버려두고 빈손으로 간다는 의미이다. 뿐만 아니라 누구나 죽으면 그리 큰 땅을 차지하지 않는다. 수십 개의 방이 있고 으리으리한 집에 살았던 사람도, 작은 한 칸의 방에 살았던 사람도 죽어서는 관 크기만 한 땅을 차지할 뿐이기 때문이다. 이마저도 요즈음은 화장 문화가 발달해서 그보다 작은 납골당의 한 칸으로 크기가 줄었다.

사람들은 물건을 살 때보

나를 위한 정리의 규칙

1. 내 생활을 가볍게 하기 위해 정리를 한다.
2. 과거와 미래보다는 현재에 맞게 정리를 한다.
3. 사람이 먼저가 되는 정리를 한다.

다 버릴 때 고민을 더 많이 하기 때문에 물건을 사기 전에 꼭 필요한 것인지 비슷한 물건을 이미 가지고 있지는 않은지 고민해 봐야 한다. 이미 들어와 있는 많은 물건들로부터 나의 삶이 공격받고 있지는 않은지 살펴보고 이미 공격받고 있다면 이제 적극적으로 싸움을 시작해 보자. 일명 물건과의 정리 전쟁이다. 주머니 없는 수의를 입고 작은 땅에 눕게 되는 우리는 빈손으로 가는 인생을 살고 있다. 결국 정리 전쟁을 치르지 않으려면 전쟁이 일어나기 전에 필요하지 않은 물건들을 정리하는 습관을 기를 수밖에 없다. 그러니 인생을 살면서 내 것이 아닌 것을 갖기 위해 욕심을 부리거나 물건에 집착해서 계속 사들이는 일은 부질없는 일인 것이다.

TIP

노전 정리(노인이 되기 전 정리)

수영을 하기 전이나 마라톤을 하기 전에 사람들은 준비운동을 한다. 갑작스러운 운동으로 근육에 무리가 가지 않도록 준비를 시키기 위해서이다. 그래야 몸을 보호할 수 있고 운동도 더 잘할 수 있기 때문이다. 운동을 하기 전에 준비가 필요한 것처럼 나이 들기 전에 물건을 정리하는 준비가 필요하다. 이것을 '노전 정리'라고 한다. 하루아침에 정리하는 습관이 길러지는 것이 아니기 때문에 매일 조금씩 운동으로 근육을 키우듯 정리 습관을 키워야 한다. 인생 주기에 따라 사용하는 물건들의 양도 달라진다. 결혼 후 아이를 낳고 아이가 자람에 따라 새롭게 구입해야 하는 물건들은 늘어나게 마련이다. 그러나 아이가 성장해 독립을 하는 시점이 되면 내 물건과 다른 사람의 물건은 구분되어야 한다. 내 것이 아니라면 그 물건의 주인에게 돌려주고 원치 않는다면 그것이 비록 자식의 물건이라도 과감히 버리도록 하자. 젊었을 때 잘 버리지 못하는 습관은 나이가 들면서 더 버리지 못하는 병으로 굳어지게 된다. 가족이 떠난 자리를 그 가족과 관련된 물건으로 채우려고 하지 말아야 한다. 생각해 보면 딸보다 엄마가, 엄마보다 할머니가 물건에 더 집착하는 경우를 볼 수 있다. 나는 엄마처럼 저렇게 살지 말아야지 하면서도 나의 의지와는 상관없이 같은 행동을 반복하게 되는 경우가 많다. 지금도 앓고 있는 못 버리는 병을 이제부터라도 치료하자. 못 버리는 병을 고치기 위해서는 나의 병을 인정하고 변하려는 의지가 중요하다. 나이가 들어가면서 물건에 대한 집착이 더 커진다. 못 버리는 병이 더 깊어진다고 할 수 있다. 가족이 한 명 두 명 떠나면서 불안한 마음과 우울함을 그 가족과 관계된 물건에 쏟기 때문이다. 자녀가 결혼으로 독립을 하게 되었다면 자녀의 물건에 집착하기보다 자주 전화하고 만나서 사람과의 관계를 형성하는 것이 정서적 안정에 도움이 된다. 몸은 약해지고 활동의 범위가 줄어드는데 낡은 물건이 무슨 소용이 있겠는가. 미래의 내 생활이 행복하고 편하려면 지금부터라도 정리하는 습관을 기르도록 하자.

01

정리에도 정답은 있다

정리에는 정답이 없다고 한다. 사람의 취향에 따라, 공간에 따라, 생활 습관에 따라 얼마든지 달라질 수 있기 때문이다. 어느 정도 맞는 말이다. 하지만 정리에는 정답이 있다. 같은 시간을 정리하는 데에 쏟아 붓는 두 사람이 있다고 하자. 그런데 한 사람의 집은 깨끗하게 정리된 것에 반해 다른 사람의 집은 늘 어수선하고 정신이 없다. 정리를 하고 있는데 왜 그런 걸까? 그건 정리를 '잘못해서' 그런 것이다. 정리를 할 때에는 원칙이 있는데 원칙을 모르고 정리하기 때문이다. 제대로 원칙을 지켜 바르게 채우면 항상 깨끗한 상태를 유지할 수 있고 보기에도 훨씬 좋다. 바른 정리 습관, 바른 채움으로부터 유지 관리가 시작된다.

공간의 목적에 맞게 채워라

앞의 장에서는 '정리란 비우는 것'이라는 내용을 다루었다. 이 장을 통해 자신에게 의미 없는 물건들을 공간에서 빼내는 비움의 작업이 끝났다면, 이제는 사용하기 편하도록 잘 채우는 수납(정돈) 작업을 해야 한다. 이때 현명하게 잘 채우지 않으면 오히려 시간만 들이고 효과는 없을 수 있으니 이 과정이 매우 중요하다.

정리가 필요한 것과 필요하지 않은 것을 구분하여 필요하지 않은 것을 버리는 작업이었다면 수납은 바르게 채워 넣는 것이다. 정리수납은 해도 해도 끝이 없다고들 한다. 우리는 살면서 정리수납을 하기는 하는데 늘 정리되지 않은 상태에서 살고 있다는 것을 알고 있다. 이유가 무엇일까? 실제로도 하루 종일 정리수납을 하고 있고, 많은 시간을 정리수납에 쏟아 붓고 있지만 제대로 안 되

집	휴식을 취하고 가족이 화목한 것이 목적	서재	공부 능률을 높일 수 있는 공간
		부엌	음식을 만들고 식사를 하는 공간
		침실	잠을 자는 공간
		드레스룸	옷을 보관하고 고르는 공간
		욕실	목욕을 하거나 생리적인 욕구를 해결하기 위한 공간
집 외의 공간	각각의 특징에 알맞은 목적	상업적인 공간	물건을 사고파는 등의 경제활동과 관련 있는 공간
		사무적인 공간	업무 효율을 높일 수 있는 공간

▲ 공간의 목적

는 사람이 많다. 만약 이런 경우라면 공간의 목적에 맞게 채웠는지를 먼저 질문해 봐야 한다. 드레스룸에 책을 가지런히 놓아두었다고 해서, 또는 거실에 옷을 종류별로 쌓아 두었다고 해서 바른 수납이 아니기 때문이다. 각각의 공간이 가진 목적에 맞게 채워야 바른 수납이라 할 수 있다. 그런데 공간별로 고질적인 문제를 앓고 있는 경우가 많다. 부엌의 경우 살림의 양에 비해 지나치게 좁다든지, 주방용품의 종류가 많다든지, 자주 사용하는 물건과 보관해야 할 물건이 섞여 있다든지, 동선을 고려하지 않고 배치가 되었다든지, 싱크대 위에 많은 물건이 놓여 있다든지, 서랍을 효율적으로 사용하지 못하고 있다든지 하는 경우이다. 욕실의 경우도 마찬가지로 수납 공간이 부족하다든지, 사용하지 않는 물건까지 진열되어 있다든지, 청결하지 않다든지 하는 공간의 문제가 있어 바르게 채우는 것을 더 힘들게 한다.

이럴 때에는 공간의 목적에 맞게 고질적인 문제를 먼저 해결해야 한다. 부엌에서는 맛있는 음식을 만들고 먹을 수 있어야 하고, 욕실에서는 편안하게 볼일을 볼 수 있어야 하는 것이 우선이다. 장식적인 것은 2차적인 것으로 미루고 우선은 그 공간이 왜 있는지 목적에 집중해야 각 공간에 맞는 물건으로 바르게 채워야 한다.

자주 쓰는 것과 아닌 것을 나눠라

 각 공간별 물건을 하나씩 들여다보면 자주 쓰는 것, 가끔 쓰는 것, 보관할 것으로 나눌 수 있다. 예를 들어 욕실의 경우 비누, 샴푸, 칫솔, 치약은 매일 쓰는 물건이지만 염색약, 생리대 등은 매일 쓰는 물건이 아니라 가끔 쓰는 물건이다. 또는 여분의 샴푸나 비누 등은 보관해야 하는 물건으로 구분할 수 있다. 이럴 때는 자주 쓰는 물건과 아닌 것을 나누는 과정이 필요하다. 자주 쓰는 물건은 욕실의 선반 등에 꺼내 놓고, 자주 쓰지 않는 것은 선반에서 빼내어 따로 수납해야 한다. 어린 자녀가 있는 집은 어린이용 변기 커버를 사용하는데 사용하는 것도 번거롭고 불편하지만 이것을 놓는 장소도 문제가 된다. 이럴 때는 변기 옆쪽 벽에 고리를 붙여 걸어 놓으면 편리하다. 또 욕실의 수납장이 작거나 수납 공간이 부족할 때는 욕실 문 안쪽에 걸어서 사용할 수 있는 수납용품을 부착해 무겁지 않은 욕실용품들을 수납하면 공간 활용에 도움이 된다. 특히 신경 써야 할 점으로는 티슈나 두루마리 휴지 등은 습기에 약하기 때문에 굳이 보관용까지 욕실에 수납할 필요는 없다는 것이다. 이런 보관 물품들은 베란다나 다용도실에 보관했다가 필요할 때 필요한 만큼만 욕실에 수납하면 된다. 부부가 사용하는 안방의 화장실에는 부부의 속옷을 몇 벌 정도 수납해 놓으면 편리하다. 샤워를 하기 위해 속옷을 옷장에서 꺼내 들고 들어가야 하는 번거로움을 막을 수 있다. 만약 안방 화장실을 사용하고 있지 않다면 보관용 물품을 보관하는 공간으로 용도를 변경하면 공간 활용에 도움이 된다. 한번은 정리수납 컨설팅 고객이 안방 화장실을 사용하고 있지 않으면서 안 쓰는 물건들을 가득 채워 놓았기에 상자를 이용해 변기에 집을 만들어주고 시트지로 도배를 한 다음, 봉을 설치해 보관용 옷을 걸어 수납할 수 있게 만들어주었다. 그랬더니 고객은 이렇게 용도 변경해서 사용할 수 있다는 생각을 아예 못했다면서 정말 좋아했다. 욕실 정리수납에 있어서 주의해야 할 것 중 하나는 바닥에 미끄럼 방지 매트를 깔아 가족이 안전하게 욕실을 사용할 수 있게 하는 것이다.

▲ 용도 변경 전

▲ 용도 변경 후

아이 방에서의 수납은 아이의 연령, 생활패턴, 습관 그리고 최근 관심 있게 가지고 노는 장난감이 무엇인지를 고려해야 한다. 무엇보다 아이가 장난감을 가지고 논 후 스스로 정리할 수 있게 수납의 편리성을 고려해야 한다. 예를 들어 연령이 어리면 뚜껑이 없

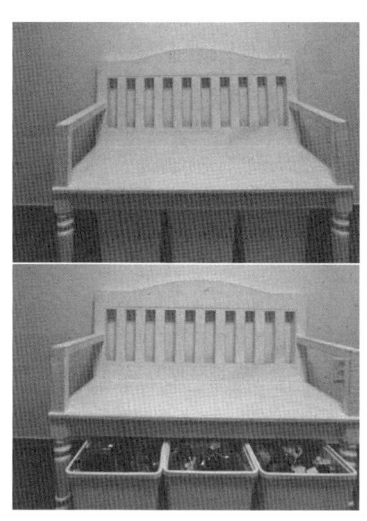

▲ 아이 방의 수납 상자

는 수납 상자를 이용해서 뚜껑을 여는 데 어려움을 겪지 않도록 배려하고 불투명한 상자보다는 투명한 상자를 이용해 밖에서도 어떤 장난감이 수납되어 있는지 알 수 있게 해주는 것이 좋다. 처음에는 조금 불편할지 모르지만 상자마다 이름을 붙여주거나 수납해야 할 물건들을 사진으로 찍어 붙여주면 좋다. 아이들의 장난감은 종류도 숫자도 많다. 레고와 같은 블록, 소꿉놀이 세트, 각종 딱지와 자동차, 인형과 만들기 재료까지……. 그런데 이 장난감들 중에도 현재 아이가 잘 가지고 노는 것과 그렇지 않은 것이 분명히 있다. 이럴 때는 잘 가지고 노는 것 또는 자주 가지고 놀아줬으면 하는 것은 선반이나 수납장을 이용해서 수납하고, 그렇지 않은 것은 수납 상자에 담아 깔끔하게 보관하는 것이 좋다. 예를 들어 사진에서처럼 아이 방 의자 아래 공간에 딱 맞는 수납 상자에 장난감을 넣어 깔끔하게 정리하거나 아이 방 침대 밑에 보관하는 방법을 쓰면 된다. 아이들의 장난감은 작은 것도 많지만 자전거나 자동차 같이 부피가 큰 장난감도 많다. 아이 방에 수납을 하자니 넣어 놓으면 또 꺼내달라고 하고 꺼내주면 다른 것을 달라고 해서 하루 종일 아이들 요구에 지치다 못해 화를 내는 경우도 생긴다. 꺼내주기도 힘들고 수납해야 할 공간도 많이 필요하다. 모든 장난감을 다 수납해 놓을 수 없기 때문에 매일 가지고 노는 장난감의 수납 장소는 아이 방이 아닌 거실 한쪽을 이용하여 수납 공간을 지정해주는 것이 좋다.

다음과 같이 거실의 한 공간을 이용해 주차 선을 그려주었더니 자동차를 가지고 논 후 스스로 주차를 하게 되었다. 주차할 때 선이라도 조금 밟으면 다시 뺐다 다시 넣고를 반복하면서 정확히 주차 선 안에 놓는 습관이 생긴 것이다. 아이가 어리다고 모든 것을 엄마가 해주려 하지 말고 아이가 할 수 있는 것은 스스로 할 수 있게 돕는 것이 엄마의 역할이다.

▲ 주차 선 안에 수납

주부들이 가장 많은 시간을 보내는 공간이기도 한 부엌의 경우에는 이미 수납할 공간이 마련되어 있다. 바로 싱크대와 수납장이 공간인데, 싱크대를 이용해서 자주 쓰는 물건과 그렇지 않은 물건을 나누어 정리하면 된다. 부엌에는 밥을 먹을 때 쓰는 밥그릇, 국

그릇 그리고 물이나 우유를 마실 때 매일 사용하는 것과 손님이 오거나 제사를 지낼 때 사용하는 물건과 같이 자주 사용하지 않는 것들이 있다. 자주 사용하는 것은 수납장 아래쪽에 두어 꺼내고 넣기 쉽게 수납한다. 매일 사용하지 않는 접시라면 필요한 양만큼만 세로로 수납하고 나머지는 보관용으로 겹쳐 수납해도 좋다. 부엌에서 많이 차지하는 것을 꼽는다면 접시 다음으로 컵이 아닐까 생각한다. 종류도 많고 숫자도 많다. 먼저 사용하지 않는 것은 과감히 정리하고 매일 사용하는 컵이 아니라 가끔 사용하는 컵은 편의점식 수납을 해 보자. 편의점식 수납이란 편의점에서 음료수를 진열할 때 맨 앞에는 다양한 종류의 음료수를 수납하고 그 뒤에 같은 종류의 음료수를 진열함으로써 고객이 원하는 음료수를 쉽게 찾아 꺼낼 수 있게 수납해 놓는 방식을 말한다. 컵을 수납할 때도 이 방법을 사용하면 편리하다. 대부분은 컵을 수납할 때 맨 앞줄에는 키가 작은 소주잔, 뒤로 갈수록 키가 큰 와인잔 등을 놓는데 이렇게 하지 말고 왼쪽부터 소주잔 한 줄, 다음은 양주잔, 다음은 맥주잔, 다음은 와인잔과 같이 키가 작은 것부터 큰 순서대로 수납하면 편리하게 사용할 수 있다.

주방에서 싱크대 위를 상상해 보자. 벽에는 국자, 뒤집개, 집게가 걸려 있고 수저통에는

▲ 부엌의 싱크대

가족 수와는 상관없이 많은 개수의 수저와 젓가락, 주걱, 가위 등으로 수저통이 쓰러지기 직전이다. 건조대 위는 아침 식사 후 설거지해 엎어 놓은 그릇들로 꽉 차 있다. 건조대는 건조를 목적으로 사용하는 물건인데도 수납장 대신 365일 건조대를 수납장으로 사용하고 있는 가정이 많다. 설거지를 마치고 물기가 건조되었으면 바로 수납장에 수납하는 습관을 들이도록 하자. 강의 중 나는 가끔 수강생들에게 집에 도마를 몇 개 가지고 있는지와 사용하고 있는 것은 몇 개인지를 묻는다. 대부분의 수강생들은 2~3개의 도마를 가지고 있지만 사용하는 것은 하나라고 대답한다. 수세미도 마찬가지다. 2~3개를 분류해서 용도별로 사용하고는 있지만 보관할 때는 같은 통에 보관하는 경우가 많다. 깔끔한 것 같지만 깔끔하지 않다는 것이다. 작은 생활 습관부터 바꿔 보자. 용도별 도마를 달리 사용하는 것이 그리 쉽지는 않다. 그렇다면 도마를 바꾸지 말고 그 위에 얇은 시트를 바꿔 끼면서 사용하면 편리하다. 마트에서 쉽게 구입할 수 있고 가격도 저렴한 편이다. 수세미도 설거지용, 싱크대 청소용, 배수구 청소용 등으로 구분해서 사용하고 있다면 보관할 때에도 한 통에 담아 보관하지 말고 집게나 고리를 이용해 하나씩 걸어서 보관하면 좋다. 걸어서 보관하면 물기가 완전히 빠져 세균의 번식을 막을 수 있어 더 위생적이다. 이렇게 분류하여 사용하는 주방용품을 주부인 엄마만 알고 있지 말고 가족들이 함께 알 수 있게 표시를 해 두면 더 좋겠다. 부엌에 있는 조미료 수납은 분말류와 액체류로 구분한다. 소금, 설탕, 후춧가루와 같이 분말로 되어 있는 것과 간장, 식초, 식용류 등 액체로 되어 있는 것을 구분하면 사용할 때 편리하다. 조미료통에는 누구나 알기 쉽게 내용물과 유효기간을 적어 이름표를 붙여 둔다. 매실액과 복분자 같이 페트병을 이용해서 보관하는 경우 만든 날짜를 기입하거나 얻어 온 날짜를 반드시 적어두고 오래된 것부터 사용하도록 한다.

옷을 보관하는 드레스룸은 자주 입는 옷과 그렇지 않는 옷을 나누어서 분류해야 한다. 1년에 한두 번 입을까 말까 하는 한복이나 정장을 자주 입는 옷들과 함께 걸어 두는 것은 공간 활용에 전혀 도움이 되지 않기 때문이다. 옷장의 많은 옷들을 분류할 때는 같거나 비슷한 것끼리 분류하자. 계절별, 용도별, 사용자별로 구분하고 자주 사용하는 것과 가끔 사용하는 것, 보관할 것 등으로 나누어 보자. 옷을 수납할 때 기본 원칙은 옷걸이를 통일하고 옷걸이 하나에 옷은 하나씩만 걸어 수납하는 것이다. 선반은 사용하기 편리하도록 수납 바구니를 활용해서 옷을 세로로 수납한다. 자주 입는 셔츠나 바지는 옷걸이에 걸어서 보관하고, 자주 입지 않는

▲ 잘 정리된 옷장

한복이나 정장 등은 구김이 가지 않도록 잘 개어서 상자에 넣어 보관하는 게 바람직하다. 이때 옷에 습기가 차면 곰팡이나 진드기 등이 생길 수 있으므로 방습제를 함께 넣어 보관하는 것이 좋다.

이 외에도 우리가 사용하는 각각의 공간에서 자신 또는 우리 가족, 동료가 자주 쓰는 물건과 그렇지 않은 물건을 나누는 작업을 해야 한다. 그리고 이렇게 나누어진 물건 중에서 자주 쓰는 물건은 손을 뻗어서 사용하기 쉬운 곳에 두고, 가끔 쓰는 물건은 상자 등에 담아서 같은 공간에 보관하면 된다. 그래야 서로 물건이 섞이거나 다음에 물건을 찾을 때 시간을 낭비하지 않게 된다.

같은 용도의 물건끼리 묶어라

물건을 보관할 때는 같은 용도의 물건끼리 묶는 것이 현명하다. 그래야 물건을 찾을 때도 훨씬 수월하게 찾을 수 있고 다른 물건을 추가로 정리할 때도 헤매지 않고 보관할 수 있다. 예를 들어 아이의 방을 정리할 때도 책은 책끼리, 블록 장난감은 블록 장난감끼리, 인형은 인형끼리, 문구류는 문구류끼리 분류해 수납 상자를 이용한다. 그러면 다음에 아이가 인형을 선물 받았을 때에도 '어디에 둘까?'를 고민하지 않고 인형끼리 모아서 보관 중인 곳에 둘 수 있어 깔끔하게 정리가 되는 것이다. 이렇게 같은 용도의 물건끼리 묶는 것을 '분류'라고 하는데, 분류를 해서 정리할 때는 플라스틱이나 종이로 된 수납 상자를 많이 이용하게 된다. 수납 상자는 크기만 잘 맞추면 공간에도 딱 맞게 들어가고 뚜

▲ 수납 상자의 라벨

껑이 있는 경우도 많아 내용물을 보이지 않고 깔끔하게 보관할 수 있다. 그런데 그러다 보니 안의 내용물이 전혀 보이지 않아 "어? 여기 뭐가 들었지?" 하고 확인해야 하는 경우가 종종 생긴다. 매번 수납 상자의 뚜껑을 열어서 확인을 해야 한다면 이것 역시 번거로운 일이 아닐 수 없다. 이런 일이 없도록 하기 위해서는 '라벨'을 붙이면 좋다. 라벨이란 상품명 및 상품에 관한 여러 사항을 표시한 종이나 헝겊 조각을 가리키는데 수납 상자의 이름표와 같은 역할을 한다. 라벨을 붙일 때에도 보다 효과적으로 사용하기 위해서는 몇 가지 규칙이 있는데, 이 규칙을 따르면 보다 편하게 물건을 찾을 수 있다. 먼저, 쉽고 짧게 붙여야 한다. 복잡하거나 필요 없는 단어는 제외하는 것이 좋다. 예를 들어 붓, 물감, 색연필, 팔레트 등 그림 그리는 재료를 담은 상자라면 '미술 재료'와 같이 라벨을 쓴다. 두 번째로는 물건 주인의 이름을 쓴다. 공간을 함께 쓰고 있는 구성원 중에 누구의 물건인지 소유자를 함께 써두면 물건을 찾을 때도 훨씬 수월하게 찾을 수 있다. 세 번째 라벨을 붙이는 규칙은

큰 글씨로 깨끗하게 쓰는 것이다. 잘 보이도록 또박또박 큰 글씨로 쓰는 것이 바람직하다. 그러기 위해서는 컴퓨터를 이용해 글씨체를 통일하는 것도 좋은 방법이다. 마지막으로 라벨을 붙일 때는 물건을 찾을 아이를 위해서 안의 내용물을 사진으로 찍어 붙여도 좋다. 그러면 사진을 보고 "아, 이 상자 안에는 이러이러한 물건들이 들어 있구나" 하고 알 수 있기 때문이다. 같은 용도의 물건끼리 묶을 경우에는 정리나 보관 외에도 또 다른 장점이 있다. 바로 어떤 물건이 부족한지 알 수 있다는 것이다. 예를 들어 냉장고 안 역시 같은 용도의 물건끼리 묶어서 정리했다면, 냉동실 두 번째 칸 말린 멸치를 보관하는 곳이 비어갈 경우 언제 채워 넣어야 할지 바로 알 수 있게 된다. 생활이 훨씬 간편해지고 스마트해지는 것이다.

TIP

효율적인 수납 법칙

1. **대·중·소로 분류한다**
   큰 분류, 중간 분류, 작은 분류로 나누어 물건을 분류한 다음 수납한다. 예를 들어 옷을 분류할 때도 가족 구성원으로 큰 분류를 잡은 다음 중간 분류에서는 옷의 용도로 나누고, 작은 분류에서는 옷의 형태나 재질로 나누는 방식이다.

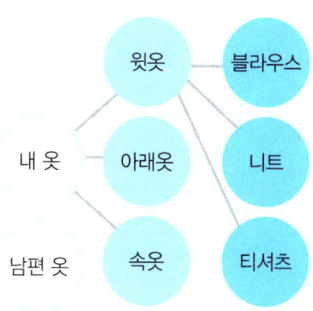

2. **70~80%만 수납한다**
   수납하는 물건은 전체 공간의 70~80%만 차지하도록 해서 공간에 여유를 둔다. 옷장이나 냉장고를 꽉꽉 채워 두면 물건을 찾기도 힘드니 공간을 적당히 비워 두어야 필요한 물건을 찾기가 수월하다.

3. **세로로 수납한다**
   수건과 같이 용도가 같은 경우는 겹쳐 쌓기를 해도 무방하지만 티셔츠와 같이 색깔, 디자인이 다른 경우는 같은 방법으로 개어 세로로 수납한다.

4. **정해진 공간에 수납한다**
   물건에게도 집을 만들어준다. 예를 들어 가족들이 함께 사용하는 비상약품의 집은 거실장 첫 번째 서랍으로 정한다. 가족 누구든 사용하고 난 후 반드시 물건의 집으로 돌려놓아야 유지가 가능하다.

5. **공간을 세분화한다**
   서랍을 전체로 사용하지 말고 물건의 종류와 양에 따라 구역을 나누어 수납한다. 구역을 나눌 때는 칸막이를 사용하거나 작은 상자 등을 이용한다.

6. **이름표를 붙인다**
   수납 공간에 이름표를 붙여 열어 보지 않아도 무엇이 수납되었는지 알 수 있게 한다.

7. **가족과 함께한다**
   수납하는 방법과 유지 방법 등을 가족이 함께 공유하고 실천할 수 있도록 돕는다.

02

바르게
채우면
시간을
번다

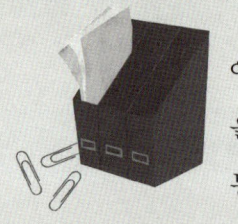

아침마다 많은 가정에서는 물건을 찾느라 전쟁을 치른다. 아이의 알림장이 없어 아이 방을 온통 뒤지고, 남편의 회색 와이셔츠가 안 보여 온 집을 뒤지는 일은 하루 이틀 일이 아니다. 그러다 보니 아침마다 시간에 쫓겨 출근 시간에 지각하는 일이 다반사인 것이다. 이 모든 문제를 정리수납으로 해결할 수 있나. 바르게 정리하고 바르게 채워 넣으면 물건이 어디 있는지 몰라 찾느라 들이는 시간도, 물건을 정리하느라 걸리는 시간도 줄일 수 있다. 바르게 채우면 시간을 벌 수 있다.

물건을 찾는 시간을 줄여라

　우리는 어렸을 때도 정리를 했고, 지금도 하고 있고, 앞으로도 정리를 할 것이다. 시간이나 양의 차이는 있지만 누구나 정리수납을 하고 있다. 하지만 왜 정리를 한다고 하는데도 정리가 안 되는 것일까? 그건 바로 '시스템'을 갖추지 못했기 때문이다. 시스템이라고 하면 쉽게 말해 체계를 갖추는 것이라고 할 수 있다. 안방으로 갈 것, 화장실로 갈 것, 주방으로 갈 것, 아이 방으로 갈 것, 거실로 갈 것을 나누고, 옷장으로 갈 것, 화장대에 놓을 것을 체계에 맞게 나누어 정리하는 것이다. 이 시스템이 갖추어지지 않은 집이나 사무실을 보면 엉망진창 뒤죽박죽이다. 옷장에는 아이 옷과 남편 옷이 뒤섞여 있고, 책상 위에는 이미 지난 서류와 현재 진행하고 있는 서류가 구분이 안 되어 있기 때문이다. 하지만 시스템에 맞게 바르게 수납하면 보기에도 깔끔한 것은 물론이고, 물건을 찾는 시간을 줄일 수 있다는 장점이 있다. 예를 들어 시스템 수납 예시처럼 각각의 용도에 맞게 정리하면 해당하는 물건을 찾을 때 헤매지 않을 수 있다.

　뿐만 아니라 시스템 수납의 특징은 체계적이면서 표준적인 것으로 모든 물건의 질서를 잡아주는 것이다. 처음 가는 마트에서 우리는 사고자 하는 물건을 점원에게 물어보지 않고도 그리 어렵지 않게 찾아내 카트에 담을 수 있다. 그 넓은 공간에서 어떻게 그리 쉽게 원하는 물건을 찾을 수 있을까? 그것이 바로 시스템이다. 육류는 육류 코너에, 생선은 생선 코너에, 잡화는 잡화 코너에 가면 있다. 육류 코너에 가면 돼지고기, 소고기, 닭고기, 오리고기 등 분류 시스템이 잘 되어 있어 우리가 쇼핑할 때 물건을 찾는 시간을 줄여준다. 집이나 사무실에서도 마찬가지다. 물건들마다 각자 있어야 할 공간을 정해주고 같거나 비슷한 물건끼리 수납하면 된다. 처음에는 시간이 좀 걸리겠지만 한 번 시스템을 구축해 놓으면 시간과 노동력을 줄여준다. 따라서 시스템 수납을 하면 공간에 있는 물건들을 체계적으로 정리수납하는 것은 물론, 사무 공간이나 상업 공간에서 물건을 체계적으로 정리하는 데도 큰 힘을 발휘한다. 또한 시스템 수납은 효율적이고 똑똑한 수납으로, 물건을 찾는 시간을 줄이고 공간을 넓게 사용하고 생활을 편리하게 하는 방법이 된다.

보관 장소		보관 물품	비고
거실	서랍장 첫 번째 칸	전자제품 사용 설명서	급하게 찾아서 사용해야 할 것을 보관하는 곳
		문구류나 건전지	
	서랍장 두 번째 칸	반짇고리	가족 모두가 사용하는 것을 보관하는 곳
		비상약품	
욕실	수납장 첫 번째 칸	목욕용품	매일 사용하는 것을 보관하는 곳
		수건	
	수납장 두 번째 칸	여분의 비누	물건이 떨어졌을 때 추가로 필요한 물건을 보관하는 곳
		여분의 샴푸	

▲ 시스템 수납 예시

물건을 정리하는 시간을 줄인다

마트에 다녀올 때마다 한가득 물건을 들고 집에 오는 장면을 우리 주변에서 흔히 볼 수 있다. 살 때는 꼭 필요할 것 같아서 즐겁게 카트에 담았는데, 막상 집에 오면 제대로 정리를 하지 않아 물건들이 여기저기 뒹구는 경우도 많다. 하지만 시스템 수납으로 바르게 채워 물건들의 질서가 잡혔다면 다시 정리하는 시간은 훨씬 적게 들 것이다.

정리수납을 잘하면 물건을 바로 찾고 바로 이용할 수 있기 때문에 시간을 절약할 수 있다. 또한 가사 업무 분담을 줄일 수 있기 때문에 일을 하는데 걸리는 시간도 현저히 줄일 수 있다. 또한 집이 깨끗해지니 청소하는 시간 역시 줄어든다.

바르게 정리하면 어느 장소에 어떤 물건들을 두어야 할지 정해져 있고, 같은 공간을 사용하는 구성원들끼리 약속이 되어 있기 때문에 누가 정리를 해도 똑같이 정리할 수 있다. 그래서 "어머, 얘는 양말을 여기다 넣으면

▲ 아이와 함께 정리한 옷장

어떻게 해?", "이 책은 왜 여기 꽂혀 있는 거야?" 하면서 짜증을 내거나 실랑이를 할 필요가 없다. 잘 갖추어진 시스템대로 물건을 정리하기만 하면 되기 때문이다. 이렇듯 질서가 잡히면 놀랍게도 사람들의 습관까지 바로잡힌다. 아이의 방에 가방을 걸어두는 자리를 지정하면, 아이는 자신의 가방을 현관에 훌쩍 벗어 두지 않고 가방이 놓여야 할 그 자리에 걸 것이다. 그리고 이러한 행동은 본인의 습관으로 자리 잡는 것이다. 덕분에 엄마는 아이의 가방을 치우기 위한 수고를 덜 수 있고 더불어 시간을 아낄 수 있다. 무엇보다 좋아지는 것은 아이와 엄마의 관계이다. 아이는 마땅히 둘 곳이 없어 가방을 그냥 아무데나 놓았을 뿐인데 엄마는 아이에게 정리도 제대로 못한다고 소리를 지르는 경우가 종종 있다. 이러한 일들이 반복되면 아이는 '나는 원래 정리를 못하는 아이'라고 스스로 낙인찍고 정리하는 것을 포기하게 된다. 그런데 이렇게 물건들의 질서가 잡히고 습관을 들이려면 그 공간을 사용하는 구성원 모두가 동의하는 시스템 수납을 하는 것이 바람직하다. 공간이 많이 남았다고 아이의 옷을 안방 옷장에 보관하거나 아이의 옷장에 공간이 남았다는 이유만으로 손님용 이불을 넣어 두면 물건과 사람은 겉돌 수밖에 없다. 물건을 효율적으로 정리한다는 것은 사람이 편하게 사용하기 위해서임을 잊지 말아야 한다. 시스템 정리수납에서 또 하나 주의할 것은 현재 공간이 남아 있다고 해서 꼭 그 공간을 물건으로 채울 필요가 없다는 것이다. 예를 들어 책장을

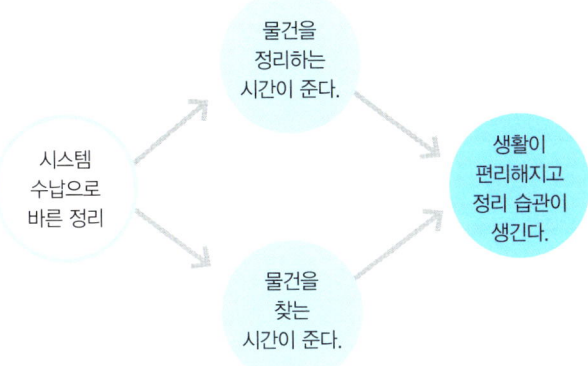

꽉 채우기보다는 여유 공간을 두어 다음에 생길 수 있는 책 수납의 공간을 미리 확보해 두면 편리하다. 물건이 하나씩 더 생길 때마다 전체 공간을 움직여야 하는 수고로움을 덜 수 있는 방법이 바로 시스템 정리수납이다.

TIP

각 공간별 정리수납

공간		수납 방법	수납 예
부엌	싱크대	같거나 비슷한 종류별로 나눔	식기류와 밀폐용기/식품과 양념류/주방용 가전제품/조리 도구로 분류
		사용할 물건과 보관할 물건 분류	가끔 사용하는 물건은 베란다로 옮김
		적합한 공간 지정	매일 사용하는 물건/가끔 사용하는 물건/수납하기 힘든 물건으로 분류
		동선 고려	재료를 씻고 다듬고 불을 이용하는 동선으로 구성
	냉장고	냉장실과 냉동실을 구분하여 자주 정리	음식물은 사각 투명용기에 보관하여 안이 보이게 함
		전체의 70~80%만 채움	자주 꺼내는 것은 눈높이에, 자주 사용하지 않는 것은 위칸에 놓음
		구멍이 뚫린 바구니를 사용하여 냉기 전달을 도움	사각 바구니를 활용
		밀봉을 완벽하게 함	지퍼백 등을 활용
		1회 사용량씩 보관	가족의 수에 맞게 사용량 정하기
		라벨링하기	음식 재료와 구입 시기 등을 적음
서재	책장	책장 정리하기 전에 수납 위치 그려 보기	무거운 책은 아래에, 가벼운 책은 위에 배치
		책은 같은 종류끼리 정리	교과서, 동화책, 문학 서적 등으로 분류
	책상	자잘한 물건들은 서랍에 정리	문구류는 서랍에 정리
		서랍에는 칸막이 또는 상자를 이용해서 공간을 나눔	서랍의 크기에 맞는 상자 여러 개를 활용
아이방	수납장	아이의 연령에 따라 수납	아이의 키와 눈높이 고려
		아이의 의견 존중	자주 가지고 노는 것/그렇지 않은 것으로 분류

공간		수납 방법	수납 예
욕실	수납장	소모품은 필요한 양만 수납	소모품이 떨어지지 않게 확인
		청소 도구는 되도록 보이지 않게 수납	뚜껑이 있는 통을 활용
	선반	공간이 부족할 때는 뚜껑 있는 바구니 사용	물이 잘 빠지는 바구니를 활용
		물건을 욕실 바닥에 놓지 않기	바구니나 통에 담아 보관
		물건이 벽에 붙지 않도록 걸기	습기가 차지 않게 보관
현관	신발장	개인별로 구분하여 계절별, 신발의 특성에 따라 분류	봄과 가을/여름/겨울로 분류
		위칸부터 사용 빈도가 낮은 신발을 넣고, 아래쪽에는 자주 신는 신발을 넣기	손이 닿지 않는 위칸은 자주 신지 않는 신발 보관
		선반 위부터 키 순서대로 아빠 신발→엄마 신발→아이들 신발 순으로 정리	아이들 신발을 가장 아래쪽에 보관
		선반을 앞쪽으로 기울여 신발이 보이도록 하기	선반 뒤쪽에 신문지 등을 두어 신발을 기울일 수 있게 함
		페트병 등을 이용	페트병에 슬리퍼와 같이 부피가 작은 신발 보관
각방	옷장	입는 옷과 입지 않는 옷 분류	사용 빈도에 따라 자주 입는 옷은 손에 닿기 쉬운 곳에 보관
		계절별과 사용자별로 구분	같은 계절에 입을 수 있는 옷끼리 보관
		길이와 무게에 따라 정리	왼쪽이 가장 짧고 오른쪽으로 갈수록 길어지게 보관
		옷걸이를 통일하고 같은 방향으로 옷 걸기	앞쪽에서 옷걸이를 쉽게 뺄 수 있게 보관
		옷 수납 상자나 바구니 등을 활용	양말, 속옷 등은 바구니나 상자에 담아 보관
		서랍의 크기나 높이에 따라 옷 개는 방법을 달리하기	옷이 보일 수 있도록 서랍의 높이에 맞게 옷을 개어서 보관
		서랍의 앞쪽 부분부터 차곡차곡 채우기	서랍 뒤쪽 공간까지 다 채우지 않기

03
잘 채우면
돈을
아낀다

대만의 타이수 그룹 왕용칭은 "1원 아끼는 것이 1원 버는 것이다"라고 했다. 사람들은 이것을 '왕용칭 법칙'이라고 부른다. 버는 것도 중요하지만 아끼는 것이 돈을 벌어준다는 것이다. 정리수납도 마찬가지다. 물건을 정리하는 것도 중요하지만 처음 구입할 때부터 신중하게 구입할 필요가 있다. '선착순 한정 세일', '오늘까지만 10% 추가 할인' 등의 광고를 보면 많은 사람들이 혹하기 마련이다. 1,000원이라도 저렴한 가격에 물건을 사고 돈을 아끼기 위해서 시간과 노력을 투자하는 것은 문제가 되지 않는다. 그런데 꼭 필요한 물건이기 때문에 구입하는 것인지 아닌지가 문제다. 돈을 아끼기 위해 물건을 저렴하게 사는 것만이 능사는 아니다. 단순히 집에 있는 물건들의 정리수납을 잘하는 것만으로도 충분히 가능하다. 어떻게 정리하느냐에 따라 시간과 돈을 절약할 수 있다.

필요 없는 물건을 사지 않는다

마트에 갈 때마다 '그래, 오늘은 필요한 물건만 사야지' 하고 결심하는 L씨는 오늘도 마트 계산대 앞에서 깜짝 놀라고 말았다. 카트에 가득 담긴 물건들 중에 절반 이상이 충동구매한 것들이기 때문이다. 원 플러스 원으로 묶인 요구르트, 30% 세일하는 빵은 물론 새로 나온 음료수에 디자인이 깜찍한 컵까지……. 사려고 하지 않았던 것들이 버젓이 담겨 있는 것을 볼 때마다 '오늘도 또?'라며 L씨는 고개를 젓는다. 한편 홈쇼핑을 좋아하는 N씨도 같은 고민에 빠져 있다. 어김없이 또 홈쇼핑에서 상품을 구입했기 때문이다. 집에 먹던 비타민이 얼마 안 남은 줄 알고 덜컥 홈쇼핑에 나온 비타민을 구입했는데, 나중에 보니 아직도 비타민이 많이 남아 있어 후회가 밀려왔다. 뿐만 아니라 N씨는 며칠 전, 이월 상품으로 싸게 나온 옷을 구입하기도 했고, 지난주에는 주방에서 쓸 아이디어 상품을 사기도 했다. 그래서 N씨는 굳게 마음먹고 홈쇼핑을 자제하려고 했는데 오늘도 또 실패하고 만 것이다.

이러한 고민은 단지 L씨나 N씨의 것만은 아니다. 대부분의 사람들이 마트나 홈쇼핑에서 충동구매를 하는 경우가 많다. 특히 홈쇼핑 방송을 보다가 쇼호스트의 말에 이끌려 불필요한 물건을 구입하는 것이다. 사실 TV 홈쇼핑을 보다 보면 쇼호스트들이 자주 쓰는 말이 있다. "수량이 얼마 남지 않았습니다", "매진이 임박했

습니다", "지금 서두르셔야 합니다!" 그런데 이런 말을 들으면 왠지 마음이 급해지고 지금이라도 당장 저 제품을 사지 않으면 안 될 것 같은 조급함이 생긴다. 다른 사람들은 다 샀는데 나만 안 산 것 같아서 불편한 마음이 생기게 된다. 이런 마음이 들게 하는 것을 '밴드왜건 효과'라고 한다. 많은 사람들이 선택하는 것을 자신도 선택하고자 하는 마음이 드는 것을 뜻하며, 홈쇼핑에서 '5,000명이 선택한 바로 그 제품', '지난 방송에서 매진'이라는 문구가 나오면 나도 사야 할 것 같은 생각을 가지게 되는 이유가 바로 이 효과 때문이다. 하지만 이렇게 마트나 백화점, 홈쇼핑에서 나에게 필요하지 않은 물건을 자꾸 사게 되면 결국 그 물건은 집에 와서 '짐'으로 전락해버린다. 물건으로서의 쓸모는 없어지고 공간만 차지하고 먼지만 쌓이는 짐이 되어버리는 것이다. 뿐만 아니라 '불필요한 것을 사면 필요한 것을 팔게 된다'는 프랭클린의 말처럼 필요 없는 물건을 사게 되면 정작 필요한 물건이 있을 공간이 부족해지는 일이 생길 수도 있다. 그러나 물건을 잘 채워서 정리해 두면 이렇게 필요 없는 물건을 사는 경우를 많이 줄일 수 있다. 예를 들어 비타민도 약 상자

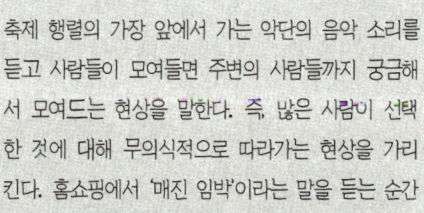

밴드왜건 효과

축제 행렬의 가장 앞에서 가는 악단의 음악 소리를 듣고 사람들이 모여들면 주변의 사람들까지 궁금해서 모여드는 현상을 말한다. 즉, 많은 사람이 선택한 것에 대해 무의식적으로 따라가는 현상을 가리킨다. 홈쇼핑에서 '매진 임박'이라는 말을 듣는 순간 전화기를 들게 되는 것도 이와 비슷하다고 본다.

에 잘 정리해 놓고 매일 꺼내 먹었다면 비타민이 없는 줄 알고 새로 사는 일은 없었을 것이다. 그 자리에 약이 없어질 때쯤 새로 채워 넣으면 되기 때문이다.

있는 것을 활용한다

　물건을 사면 그만큼 사고 싶은 물건이 줄어야 하는데, 이상하게 사면 살수록 더 필요한 물건이 많아진다. 아이스크림을 사면 아이스크림을 떠먹을 스푼과 예쁘게 담을 작은 그릇이 필요하고, 에어컨을 사면 에어컨을 깨끗이 청소할 청소용품도 필요하다. 이렇듯 사야 할 물건들이 점점 더 많아지는 것이다. 그런데 이 물건들 중에는 이미 있는 것을 활용할 수 있는 경우도 많이 있다. '이가 없으면 잇몸'이라는 말처럼 대신해서 쓸 수 있는 것을 찾아보면 새로 물건을 사지 않고도 비슷한 효과를 거둘 수 있는 것이다.
　우리 주위의 물건들을 살펴보면 의외로 활용할 수 있는 것들이 많다. 분리해서 버려야 하는 신문지, 페드병, 플라스틱통, 비닐봉지, 우유팩 등도 훌륭하게 활용할 수 있는 거리가 된다. 예를 들어 프라이팬을 수납하는 데 파일 박스를 이용하는 것도 좋은 방법이다. 물론 프라이팬을 세워서 보관하는 수납용품도 마트에서 팔고 있지만 집에 파일 박스 남는 것이 있다면 깨끗이 씻어서 재활용하는 것도 바람직하다. 이렇게 세워서 보관하면 프라이팬을 하나씩 꺼내서 쓸 때도 훨씬 쉽고 편리하다. 파일 박스를 활용할 때는 뒷부분을 케이블 타이로 묶어 움직이지 않도록 고정해서 사용하면 더욱 편리하다. 파일 박스 활용 외에도 피자 박스를 여러 개 붙여 납작한 프라이팬의 집을 만들어 주어도 좋다. 또한 휴지 심을 손가락 마디 정도의 길이로 잘라서 잘 구겨

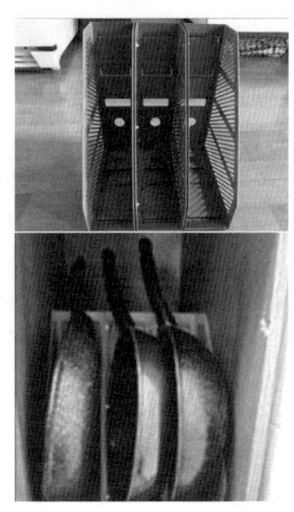

▲ 파일 박스로 프라이팬 수납

지거나 펴지기 쉬운 종이를 보관하는 틀로 만드는 것도 좋은 방법 중 하나이다. 이렇게 휴지 심에 끼워서 종이는 종이끼리 한꺼번에 묶어서 보관하면 나중에 종이를 찾을 때도 훨씬 간편하게 찾을 수 있다. 책상 밑에 엉키거나 꼬여 있는 전선을 정리하는 데에도 휴지 심을 활용할 수 있다. 모든 전선을 이 휴지 심을 통과해서 꼽는 방법이다. 이렇게 하면 청소할 때 휴지 심만 들어 올리면 청소기로 먼지 제거하는 데 아주 간편하다. 뿐만 아니라 옷걸이도 쉽게 활용할 수 있는 것 중 하나로, 양

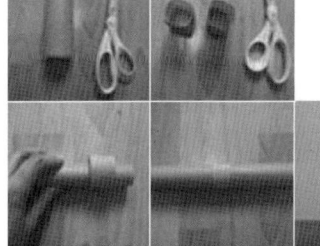

▲ 휴지 심 활용

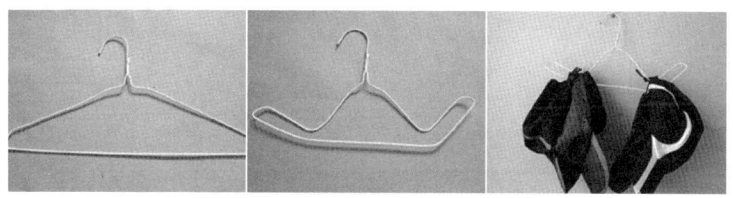

▲ 옷걸이로 모자 수납

쪽을 구부려 모자를 걸 수 있는 모자걸이로 활용할 수 있다. 한쪽은 한 번이라도 사용한 모자, 한쪽은 한 번도 사용하지 않은 모자를 걸어 두면 오염을 방지할 수 있다. 여기저기 뒹굴어 다니는 모자도 큰 공간을 차지하지 않고 보관할 수 있는 좋은 방법이다. 이렇게 접은 옷걸이는 운동화나 실내화를 빨아 말릴 때도 요긴하게 사용할 수 있다. 양쪽에 운동화를 하나씩 걸어 빨랫줄에 걸어 말리면 빨리 마른다.

음식물 역시 잘 보관하기 위해 집에 있는 물건을 활용하면 된다. 곡물은 페트병에 담아서 보관하면 좋다. 세워서 보관할 수 있어 공간도 많이 차지하지 않고, 투명하기 때문에 안에 든 내용물이 무엇인지도 한눈에 알 수 있다. 그리고 쌀벌레가 생기지 않아 오랫동안 두고 먹을 수 있기도 하다. 이외에도 페트병 활용하는 방법은 많다. 페트병 반을 잘라 위쪽 입구 부분을 거꾸로 끼워 흙이나 물을 담아 화분으로 만들어 사용할 수도 있고, 사각형 페트병은 아랫부

▲ 페트병으로 곡물 수납

분을 잘라 서랍에 넣어 소품을 분류하여 수납하는 데 사용하면 편리하다.

쓸 때마다 엉키고 바닥을 뒹구는 케이블 선들도 집에 있는 사무용 집게를 이용해서 깔끔하게 정리할 수 있다. 이 방법은 커뮤니케이션 전문가인 한 네덜란드인이 고안한 아이디어로 많은 케이블 선도 쉽게 정리하고 사용할 수 있는 간편한 방법이다.

칸이 나누어진 수납함이 필요하다면 새로 수납 상자를 살 필요 없이 다 쓴 우유갑을 활용하는 것도 좋다. 우유갑을 잘 씻어서 깨끗이 말린 다음 윗부분을 잘라내고 여러 개를 이어서 붙이면 된다. 그러면 이 안에 양말이나 속옷을 넣어 옷장 서랍을 정리할 때 써도 좋고, 아이들 문구류를 꽂거나 넣을 때 써도 아주 실용적이다.

이렇게 이미 가지고 있는 물건이나 재활용품을 활용하면 좋은 점이 많다. 물건을 수납하기 위해 필요한 수납용품 비용을 절약할 수 있고 버려야 할 쓰레기도 줄일 수 있다. 또한 잡동사니를 정리하여 소비 지출을 조절할 수 있으니 일석삼조의 효과가 있는 것이다.

▲ 우유팩으로 칸막이 수납 상자 만들기

그런데 이렇게 가지고 있는 물건을 활용하고 재활용품을 이용하려면 바르게 채우는 정리가 먼저 되어야 한다. 물건 정리를 바르게 잘 해서 내가 어떤 물건을 가지고 있는지 알면 새로운 물건을 불필요하게 사지 않을 수 있고, 이미 있는 것을 활용하여 새로 사는 물건을 대신하면 역시 불필요한 구입을 막을 수 있기 때문이다.

물건답게 보관한다

각각의 물건은 물건마다 보관하는 방법이 따로 있다. 그릇을 보관하는 방법과 옷을 보관하는 방법, 음식물을 보관하는 방법은 달라야 한다. 각각의 물건이 가진 특성에 맞게 보관해야 사용할 때도 간편하고, 물건도 오랫동안 잘 쓸 수 있어서 비용도 아낄 수 있다.

• 그릇과 냄비 접시의 크기와 모양이 같을 경우에는 차곡차곡 쌓아서 보관한다. 위에서부터 하나씩 꺼내서 써도 괜찮기 때문이다. 하지만 접시의 크기와 모양이 다를 경우에는 접시꽂이를 사용하여 세로로 꽂아 보관하는 것이 사용하기에 더 간편하다. 왜냐하면 필요한 그릇이나 접

▲ 그릇의 가로, 세로 보관

시를 꺼낼 때 다른 그릇을 치우지 않고도 쉽게 꺼낼 수 있기 때문이다. 쉽게 설명하면 큰 접시, 중간 접시, 작은 접시를 탑 모양으로 겹쳐 수납하지 말라는 것이다. 중간 접시 하나 꺼내려면 위쪽 접시를 들어내고 중간 접시를 꺼내고 다시 위쪽 접시를 놓아야 하니 여러 번의 작업이 필요하다. 이렇게 불필요한 시간과 노동력을 줄이려면 크기별 사용량만큼 세로로 세워 수납하는 것이 좋다. 또한 냄비를 싱크대에 보관할 때 자주 사용하는 냄비는 앞쪽에 보관하고, 자주 사용하지 않는 냄비는 뚜껑 없이 겹쳐서 보관하고 뚜껑은 따로 보관하는 것이 공간을 많이 차지하지 않으니 훨씬 간편하게 사용할 수 있다.

• 전선 컴퓨터, TV, 노트북, 에어컨, 디지털피아노, 청소기, 휴대폰 충전기, 전기밥솥, 전기 포트, 커피머신 등 전자제품의 종류가 다양해지고 그 수는 점점 늘어나고 있다. 이렇게 전자제품이 늘어나다 보니 전자제품에 딸린 전선도 많아지고 다양해졌다. 그러다 보니 집안 구석구석에 전선들이 보기 흉하게 엉키고 늘어져 있는 경우가 많다. 이럴 때는 PC 선이나 각종 케이블을 깔끔하게 정리할 수 있는 소모품인 케이블 타이를 이용하면 효과적이다. 전선을 필요한 길이만큼은 놔두고 크게 돌돌 감아 케이블 타이로 묶어 주면 되는 것이다. 그리고 각각의 플러그나 전선에는 어떤 제품의 플러그나 전선인지를 견출지 등으로 붙여서 적어두면 사용할 때

도움이 된다. 견출지가 없다면 식빵 봉지에 달려 있는 빵 클립을 활용해도 되고 이 외에도 빵 봉지 묶는데 쓰는 끈이나 전선 정리함을 활용할 수 있다.

• 학용품 지우개, 클립, 연필, 압정 등 자잘한 크기의 학용품은 잘 보관한다고 하는데도 자칫하면 집안 곳곳에 굴러다니기 일쑤다. 자주 쓰는 물건이기도 하고, 크기가 작아서 그렇기도 하다. 이런 학용품은 서랍을 이용하여 보관하면 좋다. 서랍장 안에 크기에 맞는 상자들을 넣어서 보관하면 좋겠지만 서랍장이 없다면 책장 속에 수납 상자를 넣어두는 것도 괜찮다. 작은 수납 상자를 책장에 두면 책이 넘어지는 것을 막아주는 북엔드 역할을 하고 공간 활용에도 도움이 된다. 그리고 작은 책을 꽂아서 책장의 윗부분이 남는다면 상자를 이용하여 2단으로 수납하는 것도 좋다. 이때 상자 아래쪽에는 무거운 책을 꽂고, 상자 위쪽에는 가벼운 책이나 CD, 테이프 등을 꽂아야 상자가 무너지지 않을 수 있다.

▲ 책장 수납

• 옷 옷을 수납할 때는 종류별로 옷걸이나 바지걸이를 이용하여 정리하되 바구니를 적절히 활용하는 게 효과적이다. 니트나 속옷, 양말 등은 바구니에 담는 것이 훨씬 좋기 때문이

▲ 데드 스페이스를 활용한 옷걸이

다. 이때 바구니는 바람이 통할 수 있도록 구멍이 있는 것이 옷에 습기가 들지 않게 막아준다. 또한 옷 중에는 실내복처럼 매일 입는 옷도 있다. 그런데 외출을 하기 위해 실내복을 갈아입고는 걸어 둘 곳이 없어서 방의 문고리에 걸거나 의자 위에 걸쳐 두고는 한다. 그러다 보니 보기에도 좋지 않고 다시 입을 때도 어디에 두었는지 찾아야 해서 번거로운 경우가 많다. 하지만 이런 고민도 데드 스페이스를 활용한 옷걸이를 이용하면 시원하게 해결할 수 있다. 문 뒤에 짧은 장식용 봉을 설치하면 문을 열고 닫는데 불편함 없이 옷을 걸어 둘 수 있는 공간이 생기기 때문이다.

• 신발 가족 구성원에 따라, 계절에 따라 신발의 종류도 다양하나. 운동화, 징화, 구두, 등산화, 부츠, 샌들 등 크기도 길이도 각양각색이다. 이런 신발을 잘 보관하는 데는 키친타올 심도 한몫을 한다. 신발을 앞쪽에서 잘 볼 수 있도록 뒤쪽을 높이는데 사용할 수 있고, 부츠가 구겨지지 않도록 부츠 안에 넣을 때 사용할 수도

있기 때문이다. 이외에도 신발을 살 때 받은 구두 상자의 앞쪽을 오려내어 보관용 신발을 수납하면 상자를 열어 보지 않아도 어떤 신발이 들어 있는지 알 수 있다. 아이들의 신발은 크기가 작기 때문에 다 먹은 우유팩, 깨끗하게 말린 페트병을 이용해 신발을 넣어서 보관하는 방법도 있다. 신발장의 높이를 조절할 수 없다면 아이들의 작은 신발은 신

▲ 아이들 신발 보관

발장 선반의 안쪽과 앞쪽으로 나누어 보관한다. 신지 않고 보관해 두는 계절용 신발은 안쪽에 보관하고 매일 신는 신발은 앞쪽에 보관하는 식으로 이중 보관하면 좋다. 계절이 바뀌면 앞뒤로 신발을 바꾸면 된다. 신발장에 꼭 신발만 수납하는 것은 아니므로 우산을 수납할 때는 가족 수에 맞게 필요한 우산만 신발장에 수납하고 여분의 것은 베란다나 다용도실에 따로 보관하는 것이 사용에 편리하다. 접는 우산은 신발장에 있는 서랍 안에 보관해도 좋다. 구두약이나 솔은 서랍에 바로 넣지 말고 페트병이나 우유팩을 깔라 각각의 집을 만들어 보관하도록 한다.

• 인형 아이들을 키우는 집이라면 여러 종류의 인형들이 있기 마련이다. 귀엽고 예쁜 인형은 훌륭한 인테리어 소품이 될 수 있

다. 하지만 아이가 어렸을 적부터 가지고 놀던 곰돌이 인형에서부터 최근에 산 인형까지 종류도 많고 수도 많다면 잘 보관하는 것이 만만치 않은 일이다. 이럴 때는 인형을 커다란 플라스틱이나 라탄 바구니에 담아 보자. 인형도 분류가 필요하다. 사람 인형인지 동물 인형인지 구분해서 보관하면 인형을 찾는 시간도 줄일 수 있고, 함께 넣어서 시각적으로도 훌륭한 인테리어 장식이 된다. 뿐만 아니라 아이에게도 "인형은 이제 인형 집(바구니)에 넣어 두자"고 말하면서 동시에 정리에 대한 습관을 들일 수 있어 일석이조가 된다.

▲ 인형 보관

04

똑똑하게 채우면 일이 잘 된다

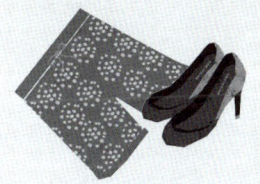

머릿속이 뒤죽박죽인 날이 있다. 이런 날은 평소에 잘 알던 사람 이름도 잘 떠오르지 않고 생각도 잘 정리되지 않아 참 정신이 없다. 그런데 머릿속만 이런 게 아니라 책상 위가 뒤죽박죽이어도 생각이 잘 안 떠오르고 정신이 하나도 없다. 서류를 어디에 두었는지도 모르고, 어떤 일을 해야 할지도 몰라 고군분투해야 하기 때문이다. 반대로 책상 위가 잘 정돈되어 있고 물건들이 제자리에 있으면 일도 수월해지고 업무의 효율도 높일 수 있다. 똑똑하게 채우면 일도 잘 되는 법이다.

사무실 내 공간을 정리하라

☐ 필요한 서류가 어디 있는지 몰라 시간을 낭비한 적이 있다.
☐ 책상 위에 적어도 3개 이상의 서류가 한꺼번에 올라와 있다.
☐ 컴퓨터 안에 저장된 파일을 주기적으로 정리하지 않는다.
☐ 컴퓨터 모니터의 바탕화면이 폴더와 아이콘으로 절반 이상 가려져 있다.
☐ 필요한 문구가 어느 서랍에 있는지 몰라 서랍을 모조리 열어 본 적이 있다.
☐ 필요한 자료를 찾지 못해 동료에게 요청한 적이 있다.
☐ 퇴근할 때도 따로 책상 정리를 하지 않는다.

위의 7개 문항 중 절반 이상인 4개 항목 이상에 '예'라고 대답을 했다면 현재 사무실의 내 자리 및 컴퓨터 정리가 아주 시급한 상황이라고 볼 수 있다. 2~3개 항목에 '예'라고 답한 경우에는 현재는 큰 문제가 없지만 정리의 필요성을 늘 염두에 두고 내 자리를 정리해야 하는 상황이다. 그렇다면 사무실 내 공간은 왜 정리해야 하는 걸까? 이 물음에 대한 답으로는 '일을 잘하기 위해서', '일의 효율을 높이기 위해서'라고 말할 수 있다. 효율이 높다는 것은 들이는 노력이나 시간에 비해 높은 성과를 올리는 것을 말하고, 일을 함에 있어 효율적이라는 말은 '일을 잘하는 것'을 의미한다.

"에이, 정리 그까짓 거 조금 안 해도 괜찮지 않나? 그거 정리하는데 시간이 더 걸리겠다. 차라리 정리할 시간에 일을 하는 게 낫지"라고 말하는 사람도 있다. 하지만 하루에 물건을 찾는데 낭비하는 시간이 10분 정도라고 한다면 일주일에 약 1시간, 한 달이면 약 4시간 이상이라는 무시할 수 없는 시간을 낭비하고 있는 것이 된다. 따라서 평소에 정리를 하면 앞으로는 훨씬 시간을 절약할 수 있다는 의미이기도 하다.

정리를 하기에 앞서 사무실의 내 공간은 크게 2개로 나눌 수 있다. 첫 번째는 책상으로 대표되는 물질적인 공간이고, 두 번째는 컴퓨터 데이터로 이루어진 데이터상의 공간이다. 둘 다 잘 정리하고 채워야 일이 효율적으로 될 수 있다는 것을 명심해야 한다. 2개의 공간 모두 내가 정리하고 관리해야 할 공간이기 때문이다. 사무실의 내 공간 중 우선 책상을 정리하려고 마음을 먹었다면 물건을 먼저 분류하는 게 좋다. 이때는 물건을 얼마나 자주 사용하는지에 따라 분류해야 한다. 자주 사용하는 물건은 가까운 곳에 두고, 그렇지 않은 물건은 멀리 두어도 크게 불편하지 않기 때문이다. 다음 페이지의 표에서처럼 책상의 공간을 크게 책상 위 → 서랍 → 책

▲ 사무실 정리 현장

상 아래로 나누고 각각의 공간에 둘 수 있는 물건의 조건을 정해야 한다. 책상 위는 가장 가까운 공간으로 가장 자주 사용하는 물건을 두고, 책상 아래는 먼 공간으로 가장 자주 사용하지 않는 물건을 두면 된다.

공간		조건	예시
책상 위		매일 사용하는 물건을 둔다.	필기도구, 컴퓨터, 모니터, 키보드
서랍	위	자주 사용하는 물건을 넣는다.	포스트잇, 명함, 스테이플러, 수첩, USB 등
	가운데	일주일에 한 번 정도 사용하는 물건을 넣는다.	파일집, 자료집 등
	아래	한 달에 한 번 정도 사용하는 물건을 넣는다.	회사 사보, 참고 자료 등
책상 아래		상자를 두어 버리기 직전의 물건을 넣는다.	이미 끝난 프로젝트 관련 자료 등

 이렇게 책상 정리가 되었다면 이번에는 컴퓨터 정리를 해야 한다. 컴퓨터는 바탕화면을 먼저 정리하도록 한다. 바탕화면에 잔뜩 파일이 늘어져 있다면 이 파일들을 같은 것끼리 묶어서 정리하면 된다. 예를 들어 'A 프로젝트의 1차 회의 문서', 'A 프로젝트의 참가 명단', 'A 프로젝트와 관련된 업체 보고서', 'A 프로젝트의 2차 회의 문서', 'A 프로젝트의 기획서' 등이 있다면 'A 프로젝트'라는 폴더를 만들어서 이 안에 다 넣는 것이다. 그러면 바탕화면에 늘어져 있던 5개의 파일이 1개의 폴더로 정리가 된다. 그리

고 바탕화면 정리가 되었다면 이제 폴더를 정리하는 과정이 남았다. 폴더 정리를 할 때는 업무적인 특성에 맞춰 각자 나름의 기준을 가지고 정리하면 되는데, 이때 중요한 것은 폴더의 가지를 잘 뻗게 하는 것이다. 여기서 가지란 '계층'을 뜻하는데,

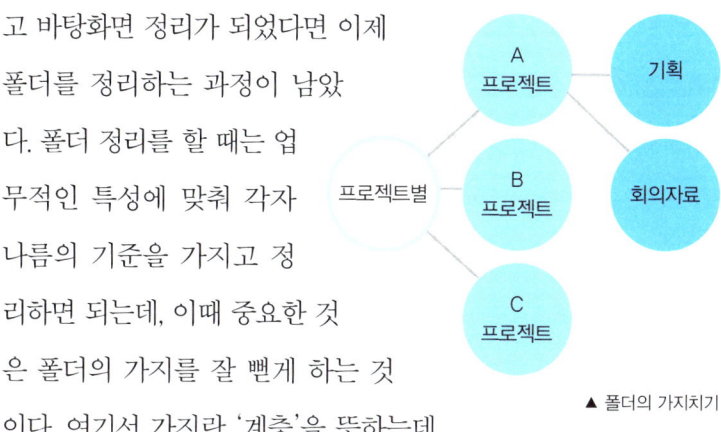

▲ 폴더의 가지치기

'프로젝트별'이라는 상위 폴더 아래에 'A 프로젝트', 'B 프로젝트', 'C 프로젝트'와 같이 가지를 나눌 수 있고, 또 각각은 '기획', '회의자료' 등으로 가지를 칠 수 있다. 이것을 '가지치기'라고도 하는데, 폴더의 가지치기를 잘해야 다음에 파일을 찾을 때 빠르고 쉽게 찾을 수 있다. 또한 폴더의 가지치기만큼 중요한 것이 있는데, 그것은 바로 오래된 파일 폴더를 내 컴퓨터 안에서 없애는 것이다. 오래되어 쓰지 않는 파일이나 폴더가 잔뜩 있다면 그것 역시 낭비가 아닐 수 없다. 현재 업무를 생각하며 너무 오래된 파일이나 중요하다고 생각되는 파일은 USB에 지정하여 따로 보관하고, 그렇지 않은 것은 정리하는 결단력도 때로는 필요하다.

　일본 도쿄의 이매진플러스의 사사가와 유코 대표가 매일 아침 출근해서 가장 먼저 하는 일은 직원들이 사용하는 화장실을 청소하는 일이다. 그것도 고무장갑도 끼지 않고 맨손으로 한다. 가끔

은 용변이 묻어 있기도 한데 더럽다고 생각해 본 적은 한 번도 없단다. 사장이 매일 청소를 하다 보니 언제부터인지 직원들도 출근해서 업무를 시작하기 전에 각자의 책상과 사무실을 청소하고 정리하기 시작했다고 한다. 정리가 잘 된 책상에서 업무를 하니 능률도 오르고 회사의 연매출이 200억에서 400억으로 2배 정도 증가했다고 한다. 이 회사의 사장과 직원들은 청소와 정리가 매출을 올리는데 효과가 있다고 믿는다. 전문가들은 화장실 청소 자체가 매출을 증가시켰다기보다 사장이 맨손으로 화장실 청소를 하면서 자존심을 내려놓게 되고 직원들에 대한 고마운 마음을 갖게 되면서 직원들과의 의사소통이 원활하게 이루어지고 이것이 회사 발전에 영향을 미쳤다고 분석한다.

　이런 사례는 우리나라에도 많다. 한국도로공사에 의하면 고속도로 휴게소의 매출을 높이는데 화장실 청소와 정리가 큰 몫을 담당했다고 한다. 예전의 고속도로 휴게소 화장실을 생각하면 절대로 들어가고 싶지 않은 화장실이었다. 그래서 대부분 휴게소를 들르지 않고 빨리 목적지까지 가서 볼일을 본 경험이 있을 것이다. 특히 여성들은 화장실이 깨끗한지 아닌지를 먼저 확인하고 들어간다. 사람들이 휴게소에 들르지 않으니까 휴게소 매출도 당연히 떨어졌다. 하지만 고속도로 휴게소의 화장실이 깨끗해진 후로 휴게소 매출은 매년 증가했다. 화장실에서 시작한 고객 섬김 경영의 성공 사례이다. 정리를 중요하게 여기는 기업은 또 있다. 전 세계

주요 18개 나라에 글로벌 법인을 운영하고 있는 이랜드(E Land)의 경우 '18가지 스피릿(정신)'을 중요시하며 기업 경영에 적용하고 있다. 그런데 이 중에는 '정돈'이 한자리를 차지하고 있다. 지금은 세계적인 회사이지만 초창기에 이랜드는 사무실 공간이 부족한 상황을 겪기도 했었다. 회사는 커지는데 사무실 공간이 성장을 따라가지 못한 것이다. 그래서 한 개의 책상을 여러 명의 직원이 사용하기도 했는데, 이러한 시작이 정리 및 정돈을 하는 전통을 만들고 계속 이어져 내려왔다. 때문에 이랜드는 아직도 정리하고 정돈하는 습관을 중요한 일로 여기고 있다. 청소와 정리만 잘해도 업무의 효율이 높아지고 매출은 증가한다는 것이다.

함께 쓰는 공간을 정리하라

내가 있는 공간을 깨끗하게 정리했다면 일하는 능률이 훨씬 좋아질 것이다. 그렇다면 이번에는 함께 쓰는 공간을 정리해 보자. 물론 '내 공간을 정리하는 것만으로도 충분한 거 아냐? 뭘 이렇게까지 해야 해?'라고 생각하는 사람도 있을 수 있다. 하지만 함께 쓰는 공간을 스스로 정리하면 일의 능률도 올라간다. 실제로 2010년 나이트와 해슬럼은 런던에 있는 사무실의 47명을 조사했는데, 이들에게 자신의 사무 공간을 스스로 정리하고 꾸미도록 했다. 그

결과 놀랍게도 스스로 공간을 정리하고 꾸몄을 때 생산성이 32% 가량 증가하는 것을 발견할 수 있었다. 일을 하면서 함께 쓰는 공간으로는 회의실, 비품실도 있고 영업을 하는 공간인 매장도 있다. 사무실이나 매장 중에는 정리가 안 되어서 공간이 제대로 된 역할을 못하는 경우가 많이 있다. 들어서는 순간 어수선한 느낌이 드는 미용실, 문구 제품이 뒤죽박죽 섞여서 제대로 찾지 못하는 문방구 등은 제대로 일을 할 수 있는 공간도, 손님에게 제대로 서비스를 할 수 있는 공간도 될 수 없다.

  실제로 한 미용실이 정리수납 컨설팅을 요청해 방문한 적이 있다. 이 미용실은 그리 크지 않은 공간인데도 잡동사니들이 쌓여 있었다. 안 쓰는 물건을 버리지 못하고 작은 화장품 등을 쌓아 두고 있어서 정리가 제대로 되지 않은 것이다. 잡동사니란 잡다한 것이 한데 뒤섞인 것으로 손님에게도 보기 좋지 않고 일하는 사람도 불편하게 만든다. 그런데 이 잡동사니들을 정리하고 제대로 수납했더니 놀라운 변화가 일어났다. 미용실 직원들은 일의 능률이 오르고, 손님들은 더 자주 방문하게 된 것이다. 또 한 번은 110년이나 된 봉사단체인 국제로터리 사무실을 정리한 적이 있다. 총재를 비롯해 모든 임기가 1년이다 보니 사무실에 있는 서류도, 물품도 내 것인 듯 내 것이 아닌 상태였다. 사무실은 20년이 넘은 수십 개의 은행 통장부터 매달 발행되는 잡지, 기념품, 오래된 매뉴얼 등 필요할 것 같지만 사용하지 않는 잡동사니로 가득했다. 담당자와 논의한 끝에 앞으로 다시 쓰지 않을 것들을 모두 분류하고 정리하고 나니 새 사무실로 변해 일할 맛이 난다고들 했다. 함께 사용하는 공간의 물건들은 개인 물건보다 정리하기 쉽지 않으니 필요한 것과 필요하지 않은 것을 판단할 수 있는 사람을 정하는 것이 중요하다.

마이크 넬슨의 《잡동사니 증후군》이라는 책에는 잡동사니 때문에 겪게 되는 심리 상황을 단적으로 표현하고 있다(표 참고). 그리고 잡동사니를 정리해야 생활이 정리된다고 말하고 있다. 일하는 공간이라면 늘 잡동사니 없이 깨끗하게 유지되는 것이 바람직하다. 그래야 일도 잘 되고 돈도 잘 벌 수 있다.

잡동사니로 힘들 때의 기분	잡동사니를 없앴을 때의 기분
질림, 혼돈, 갈등, 두려움, 산만	통제 가능, 질서, 조화, 자신감, 침착

정리는 배려다

정리를 열심히 하다 보면 가끔 잊어버리는 것이 있다. '무엇을 위해 정리를 하는가?', '누구를 위해 정리를 하는가?' 하는 것이다. 단지 깨끗하고 정돈되게 만들기 위해 정리를 하고 있는 경우도 있기 때문이다. 하지만 정리는 결국 사람을 위해서, 일을 위해서 하는 것이다. 그러니 정리 때문에 사람이 뒷전이 되어서는 안 된다.

집이라는 공간은 모든 가족이 함께 쓰는 곳이지 한 사람만의 공간이 아니다. 그리고 일을 하는 공간도 혼자서 일을 하는 사람이 아니라면 그 공간을 함께 쓰고 있는 사람들의 공간이다. 그런데 가끔 정리 때문에 다른 사람들과 갈등을 빚는 경우가 종종 있다. 출판사 편집부에서 일하는 H씨도 이런 경험이 있다. "글쎄, 제가 열심히 정리해 놨는데 사람들은 그냥 대충대충 가져다 놔요. 그럴 때마다 속상하기도 하고 짜증나기도 하죠" 하지만 내 뜻대로 정리되어 있지 않다고 해서 다른 사람에게 화를 낼 수는 없다. 물론 내 입장에서는 기껏 열심히 정리하고 있는데 그걸 어지르는 사람이 있다면 속이 상한 것은 당연하다. 그러나 그 사람 나름대로 정리를 하고 있는 것일 수도 있다. 나는 이면지를 복사기 옆 박스에 두지만, 그 사람은 이면지를 책장 속 박스에 넣을 수도 있다는 말이다. 따라서 내가 하는 정리 방법이 100% 옳다는 생각을 가져서는 안 된다. 나만 옳다는 생각을 가진다면 다른 사람의 방식을 인정하지 않게 되고, 결국에는 갈등과 다툼을 불러올 뿐이다.

사실 정리라는 것은 남을 위한 배려이다. 학교에서 수업을 마치고 나갈 때 책상과 걸상을 원래대로 정리해 놓고 나가는 아이는 다른 사람에 대한 배려를 하는 아이이다. '혹시 내 걸상 때문에 걸려 누가 넘어지지는 않을까? 혹시 내 책상이 삐뚤빼뚤해서 보기 싫지는 않을까?' 하는 배려 말이다. 또한 집에서 엄마에 대한 배려가 있는 아이라면 자기가 들고 갔다 온 가방은 제자리에 잘 정리를 한다. 자신의 가방이 바닥에 떨어져 있을 때 다시 치워야 하는 엄마의 수고를 덜어주는 것이 엄마에 대한 배려이기 때문이다. 이뿐만 아니라 남편이 퇴근 후 양말을 뒤집어 벗어 놓는다면 그것은 아내를 위한 배려가 없음을 뜻한다. 평생을 남편이 뒤집어 벗어 놓은 양말을 다시 뒤집어야 하는 아내의 수고를 생각한다면 오늘부터라도 내 양말을 똑바로 벗어 세탁 바구니에 넣도록 하자. 그것이 아내를 위한 배려이다. 나쁜 습관을 좋은 습관으로 바꾸면 가족이 행복해진다.

엄마가 하루라도 집을 비우면 전화기에 불이 난다. 대부분 전화 내용은 물건을 찾지 못해 어디 있냐는 전화일 것이다. 이럴 때 엄마들은 짜증을 내면서도 한편으로는 '내가 없으니 너희들이 힘들지'라는 생각에 약간의 쾌감을 느끼곤 한다. 어리석은 생각으로 평생 가족의 물건을 찾아주는 신세가 되지 말아야 한다. 정리수납을 잘해 놓았다면 나는 나의 시간을 즐길 수 있다.

01

쓰레기와 보물을 나눈다

정리를 하기 위해 첫 번째 과정으로 '버리라'고 하였고, 그다음 '제대로 채우라'고 하였다. 그런데 이렇게 버리고 내게 꼭 필요한 것만으로 채우고 나면 나에게는 필요 없지만 버리기에는 아까운 물건들이 남게 된다. 한 번도 입지 않은 새 옷, 아이가 가지고 놀던 장난감, 동화책, 사용하지도 않는 텀블러까지. 이 물건들은 내가 아닌 다른 누군가에는 꼭 필요한 것일 수 있다. 그러므로 필요하지 않은 곳에서 필요한 사람에게 나누는 과정이 바로 정리 습관의 세 번째가 되어야 한다. 나누고 함께해야 더욱 행복해지기 때문이다.

버리지 말고 나누자

 아프리카 부족에 대해 연구 중이던 어느 인류학자가 부족 아이들을 모아 놓고 게임을 제안했다. 먹을거리가 가득한 바구니를 놓고 누구든 먼저 바구니까지 뛰어가면 그 아이에게 과일을 모두 주겠다고 한 것이다. 인류학자의 말이 끝나자 아이들은 미리 약속이라도 한 듯 서로의 손을 꼭 잡은 채 함께 달리기 시작했다. 그리고 모두 함께 바구니에 든 음식을 나누어 먹었다. 이것을 본 인류학자는 아이들에게 물었다. "혼자 1등을 하면 많은 음식을 나누지 않고 다 먹을 수 있는데 왜 그랬니?" 그러자 아이들은 한 목소리로 "우분투(ubuntu)!"라고 답했다. 우분투(ubuntu)란 아프리카어로 '네가 있기에 내가 있다(I am because you are)'라는 뜻이다. 다른 사람이 슬퍼하는데 어떻게 나 혼자 행복할 수 있냐는 아이들의 이야기에 인류학자는 고개를 끄덕이지 않을 수 없었다. 이렇게 아프리카 한 부족의 소박한 아이들은 혼자 차지하기 위해 다른 사람들을 밀어내는 것이 아닌 함께 나누는 삶을 몸소 보여주었다.

 이 우분투(ubuntu)라는 말은 남아프리카 공화국의 대통령이자 인권 운동가로 널리 알려진 넬슨 만델라에 의해 자주 이야기되었다. 넬슨 만델라는 우분투의 개념을 다음과 같이 설명한다.

 "한 여행자가 어떤 마을에 들렀다. 그가 음식과 물을 달라고 하지도 않았는데 마을 사람들은 그에게 먹을 것을 주고, 쉴 곳을 준다."

　자신이 가진 것을 나누는 소박한 마음, 너와 내가 다르지 않기 때문에 함께 나누고 함께 갖는 것이 당연하다고 여기는 마음이 우분투의 정신인 것이다. 그런데 우리가 살고 있는 사회에서는 우분투의 정신을 찾아보기가 사실 쉽지 않다. 인류학자가 찾아간 아프리카의 부족 아이들보다 먹을 것이 많고 나눌 것이 많음에도 불구하고 다른 사람과 나누는 것에 인색하고 다른 사람과 나를 같은 존재로 여기는 마음이 부족하기 때문이다. 물질은 풍족해졌지만 마음은 부족해진 것이 현실이다. 하지만 우리 사회는 같이 살아가는 사회이고, 너와 내가 있어야 하는 곳이다. 물론 우리 사회에서도 많은 사람들은 나누면서 살아가고 있다. 자신이 가진 돈을 나누기도 하고, 재능을 나누기도 하고, 시간을 나누기도 한다. 그래서 '그래. 나도 내가 가진 것을 나누어 봐야지!' 하면서 마음을 먹기도 하지만 처음부터 큰 것을 나누는 것은 왠지 어렵게 느껴진다. 이럴 때는 내가 가진 작은 것부터 나누어 보는 것이 좋은 방법이다. 예를 들어 내가 가진 물건 중 나에게는 필요 없이 느껴지는 것을 정리해서 나누어 보자. 나에게는 필요 없지만 꼭 필요한 사람에게 나누어준다면 나는 정리된 공간을 얻게 되어 좋고, 다른 사람은 필요한 물건을 가질 수 있어서 좋을 것이다.

　얼마 전 구청의 도움으로 정리수납 컨설팅을 받은 집이 있다. 사회복지사, 방역업체 그리고 정리수납 전문가들이 공동으로 작업했다. 일주일에 세 번 투석을 받는 아버지와 지적장애를 가지고 있는 엄마, 그리고 두 명의 딸. 이렇게 네 명이 사는 집이었다. 처음 방문했을 때 상황은 그리 녹록지 않았다. 그동안 지원받은 옷이나 물품들이 다락에 쌓여 난장판이었고 무엇보다 물건들을 수납할 수 있는 수납장이나 서랍장이 없어 물건을 그냥 방치해 놓은 상태였다. 나는 바로 정리수납 전문가 밴드에 공지를 올렸다. 사용 가능한 것 중에 사용하고 있지 않은 물품들을 기증해달라는 내용이었다. 며칠이 지나지 않아 회사에는 많은 기증품들이 모이기 시작했다. 5단 서랍장, 2단 책장, 행거, 리빙박스, 전자레인지, 그릇, 냄비, 두 살배기 딸을 위한 아기 옷과 장난감, 책, 그리고 이불까지 대충 필요한 물품들은 다 모였다. 이 기증품들과 필요한 수납 용품을 구입해 정리수납 전문가들이 하루 종일 작업을 한 결과 새로운 집이 탄생했다. 그리고 엄마의 말 한마디에 사회복지사를 비롯해서 모두가 감동을 받았다. 집이 정리되고 나니 요리를 하고 싶은 생각이 들었다며 음식을 제대로 만들지 않았던 엄마가 김밥을 만들어준 것이다. 그렇게 여러 번 방문했던 본인에게조차 아무것도 대접하지 않았던 엄마라며 복지사도 가족의 변화에 크게 감동을 받았다고 했다. 사회복지사뿐만 아니라 그날 작업한 정리수납 전문가들도 정리수납 전문가라는 직업을 선택하기 잘한 것 같다며 직업에 자부심을 느꼈다. 정리수납으로 한 가정의 삶을 변화시킬 수 있다는 것에 정말 감사하고 행복했다.

또 이런 경우도 있었다. 공사 현장에서 일을 하는 아빠와 두 자녀가 있는 집이었는데 아빠가 공사 현장을 따라 지방으로 일하러 가는 날이면 아이들은 라면으로 끼니를 때우기 일쑤였다. 정리수납 컨설팅을 할 때 모아 두었던 전기밥솥을 가지고 방문하여 아이들에게 밥을 하는 방법을 가르쳐주고 아빠가 없더라도 밥을 해서 먹을 수 있게 해주었다. 얼마 후 다시 집을 방문했을 때 아빠가 밥을 해서 아이들과 함께 먹고 있었다. 아빠는 이제부터 아이들이 라면을 먹지 않고 밥을 해 먹을 수 있도록 노력하겠다고 말씀하셨다. 누군가에게는 버려질 뻔했던 물건들이 또 한편 누군가에게는 절실히 필요한 물건이 되기도 한다. 우리나라에서 정리수납 전문가라는 직업을 만들어 알려지기까지 10년이라는 시간이 걸렸는데 그 긴 시간이 아깝지 않을 정도로 뿌듯하다. 결국 끊임없는 노력으로 사회에 필요한 직업이 됐고 사람들의 인생을 변화시킬 수 있는 직업으로 자리 잡아가고 있다는 생각에 그동안의 수고가 헛되지 않았음을 느낀다.

나눔? 기부? 봉사?

"기부하는 사회를 만드세요!"

이렇게 우리는 일반적으로 대가를 바라지 않고 물건이나 돈, 시간 등을 나누는 행동이나 마음에 대한 말을 많이 듣고 있다. 대표적인 것으로 '나눔', '기부', '봉사' 등이 있는데, 의미에는 약간씩 차이가 있다. 이 중에 먼저 '나눔'의 경우를 살펴보면, 사전적인 의미는 '음식 따위를 함께 먹거나 갈라 먹음, 즐거움이나 고통, 고생 따위를 함께함'이다. 나눔이란 쉽게 말해 물건을 나누거나 마음을 나누는 것으로 '무료 드림'과도 같은 의미라 할 수 있다. 그리고 '기부' 역시 진정한 의미의 비움과 나눔이라고 할 수 있다. 기부란 더 이상 쓰지 않거나 남는 것을 기증하는 것을 말하는데, 예를 들어 옷의 경우는 재활용 의류 수거함에 넣고 과월호 잡지나 책은 동네 도서관에 기증하는 것이다. 기증한 물건의 경우 몇몇 가게에서는 돈으로 환산한 다음 기부금으로 인정해주기도 하는데, 이럴 경우 연말정산에 도움이 되기도 한다. 기부한 물건의 가치에 따라 금액을 책정해서 연말에 기부금 영수증을 받을 수 있기 때문이다. 이렇게 내가 가신 것을 도움이 필요한 사람들에게 대가를 바라지 않고 내놓는 것을 기부라고 한다. 불우이웃 돕기 성금을 모금할 때처럼 돈이나 물건을 나눌 수도 있고, 자신이 가진 지식이나 재능을 나눌 수도 있다. 또한 헌혈을 하거나 장기 기증을 약속하는 등 생명을 나눌 수도 있다. 기부를 통해 운영되는 대표적인 가게로는 아름다운가게(www.beautifulstore.org)가 있다. 아름다운가게는 쓰지 않는 헌 물건, 내게는 필요 없는 물건의 새 주인을 찾아주는 가게로 물건을 기증하면 이 물건을 다시 팔고 그 수익은 다시 이웃을 위해 쓰인다. 물건을 기증하는 방법에는 세 가지가 있는데, 첫 번째는 온라인으로 기증 신청을 하는 것이고, 두 번째는 매장에 직접 기증하는 방식, 세 번째는 전화(1577-1113)로 신청하는 방식이다. 또한 '굿윌스토어(www.goodwillsongpa.org)' 역시 아름다운가게처럼 개인에게 기증받은 물품과 기업에서 후원받은 새 상품으로 이루어져 있는 가게이다. 뿐만 아니라 굿윌스토어는 장애 이웃에게 일자리를 만들어주고 스스로의 힘으로 자립할 수 있도록 지원하는 일을 하기도 한다. 이 외에도 '아이들의 옷을 함께 나눔으로써 모두가 행복해지길 응원하는 공동체'로 출발한 아이옷을 공유하는 서비스인 '키플(www.kiple.net)'은 기부 및 나눔과 관련이 있다. 자신에게는 필요하지 않는 물건을 기부하면서 자신도 행복해지고 다른 사람도 행복해지는 윈윈(win-win)이 가능한 사회를 만드는 것이다. 끝으로 나누는 것 중에는 몸으로 도와주는 '봉사'가 있다. 봉사란 주로 자신의 시간이나 힘을 써서 다른 사람을 돕는 활동으로, 남을 위해 내가 직접 뭔가를 하는 것을 말한다. 급식을 무료로 나눠주는 무료 급식 봉사라든지, 장애인의 목욕을 도와주는 봉사라든지, 유기견을 돌봐주는 봉사, 청소를 해주는 봉사 등이 여기에 해낭한다.

쓰레기는 쓰레기통에, 보물은 나눔 박스에

내가 가진 것을 다른 사람에게 나누려면 내가 가진 물건도 나눌 수 있어야 한다. 나에게 필요하지 않아서 빼버린 물건 중에서도 정말 버려야 할 것과 다른 사람에게는 필요할 수 있는 물건으로 분류하는 과정이 필요한 것이다. 이 과정을 '쓰레기와 보물을 나누는 과정'이라 부른다. 그런데 무작정 쓰레기와 보물을 나누라고만 하면 막막하기 그지없다. 눈앞에 놓인 많은 물건을 보면 '대체 어떻게 쓰레기와 보물로 나누라는 것인지……' 하고 한숨이 나올 수밖에 없다. 이런 막막함은 노 없이 배를 타고 가라는 것과 마찬가지다. 그래서 배를 저을 노가 필요하듯이 정리를 하려면 쓰레기와 보물을 나눌 수 있는 상자가 필요하다. 상자는 크게 4가지로 나누는 게 좋다. 각각의 상자에 '쓰레기 상자', '수리 상자', '나눔 상자', '보류 상자'라고 이름을 붙이면 분류 작업이 훨씬 쉬워진다.

4개의 상자 중 첫 번째인 쓰레기 상자는 말 그대로 버려야 할 쓰레기를 담는 상자이다. 두 번째 수리 상자는 버리기에는 아깝지만 바로 쓸 수 없고 수리나 교체, 개조가 필요한 물건을 담는 상자이다. 세 번째 나눔 상자는 내가 쓰지는 않지만 물건은 재활용할 가치가 있어서 다른 사람에게 보낼 물건을 담는 상자이다. 마지막으로 네 번째는 보류 상자로 내 물건이 아니거나 당장 결정하기 어려운 물건 또는 어떻게 분류해야 할지 판단이 서지 않는 물건을 담는 상자이다. 이렇게 4개의 상자가 준비되었다면 늘어진 물건들을 하나씩 상자 속에 담는다. 버릴 것은 쓰레기 상자에, 고칠 것은 수리 상자에, 나눌 것은 재활용 상자에, 보류할 것은 보류 상자에 각각 넣으면 되는 것이다. 상자에 담는 작업이 끝났다면 이번에는 각각의 상자 속에 든 것을 물건에 따라 나누면 된다. 먼저 '쓰레기 상자'에 담긴 것은 물건의 특징에 따라 버린다. 예를 들어 땅에 묻어서 폐기해야 할 쓰레기라면 종량제 쓰레기봉투에 담아서 버리면 되고, 가전제품일 경우에는 시청이나 구청에서 무료로 수거가 가능한지 알아보고 버리도록 한다. 그리고 '수리 상자'에 담긴 물건들은 수선한 다음 다시 나눔 상자에 담을 것인지 보류 상자에 담을 것인지를 결정한다. 다음으로 '나눔 상자'의 물건은 필요한 사람에게 선물로 줄 것인지, 중고시장에서 판매할 수 있는 것인지 아니면 기부를 할 것인지 구분한다. 끝으로 '보류 상자'에 담긴 물건은 일정 기간을 정해 놓고 처리 방법을 생각해 본 후 그 기간이 지나도 사용하지 않았다면 나머지 상자 중 하나에 결정해서 처리

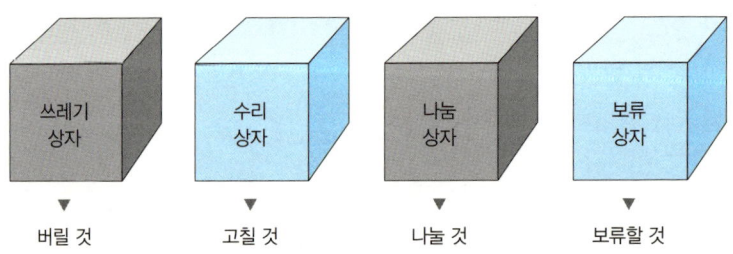

한다. 내가 버리는 물건들을 쓰레기와 보물로 나누는 작업이 처음에는 복잡하고 어려워 보일 수 있다. 하지만 몇 번의 시행착오를 거치면 그 또한 어렵지 않다는 것을 느끼게 될 것이다. 우리는 오래된 생활 방식에 익숙해져 있다. 새로운 변화를 받아들이기 위해서는 약간의 노력과 시간이 필요하다.

02
물건이 쓰레기가 되지 않게 한다

인간이 생활하고 활동하는 문명사회로부터 배출되는 폐물질 중에서 고체 형태로 버려지는 것을 쓰레기라고 한다. 우리는 마트나 시장, 백화점, 인터넷 쇼핑몰 등에서 물건을 구매하여 그것을 집으로 가져온다. 하지만 그 물건의 대부분은 딱 한 번 쓰이거나 얼마 못 가서 잊히고 만다. 새로운 물건들이 계속 만들어지면서 또 계속 사들이기 때문에 우리는 많은 물건을 쓰레기처럼 방치하고 잊어버리는 것이다. 차라리 버려진 물건들이 그때그때 쓰레기통으로 들어가 버려지면 다행이다. 물건이 수명을 다하고 쓰레기통으로 돌아가는 것은 우리 삶의 이치나 마찬가지지만 문제는 쓰레기도 아닌 물건이 쓰레기 취급을 받고 있다는 데 있다. 쓰레기가 아니라는 이유로 제 집인 쓰레기통으로 돌아가지도 못하고 아무도 모르는 공간 어디에서 목숨을 부지하고 있다는 것이다. 구원의 손길을 기다리고 있는 가엾은 쓰레기로 전락해버린 물건들에게 새 생명을 불어넣어주자.

우리가 만드는 쓰레기는?

한 사람이 평생 먹는 음식을 통해서 나오는 쓰레기의 양만 해도 무려 8톤이 넘는다고 한다. 그런데 음식 재료로 싱싱한 시금치 혹은 파릇파릇한 상추를 구매하더라도 시금치를 묶은 끈, 상추를 감싼 비닐봉지는 먹을 수 없다. 뿐만 아니라 아무 생각 없이 둘둘 말아서 쓰는 두루마리 화장지는 사람이 80년 가까이 산다고 할 때 약 4,000개를 쓰게 된다. 아기였을 때 쓰는 기저귀의 양은 무려 3,800여 개에 달한다. 이 쓰레기들은 모두 고스란히 남아 지구에게 짐이 된다. 잘 썩지도 않으면서 오랜 시간 지구에 영향을 끼치는 것이다. 정리수납만 잘해도 우리는 환경을 보호하고 지구를 살리는 선구자가 될 수 있다.

에드워드 흄즈의 《102톤의 물음》이라는 책에서는 미국인 한 사람이 평생 동안 102톤의 쓰레기를 만들어 낸다고 말하고 있다. 그리고 저자는 이렇게 많은 쓰레기를 해결하기 위해서는 쓰레기를 줄이는 방법뿐이라고 언급했다. 우리나라의 경우도 이와 다르지 않다. 전국이 쓰레기로 몸살을 앓고 있기 때문이다. 사람들이 각자 하루에 약 1.1kg의 쓰레기를 만들어 내고, 그것이 모이면 하루에 약 5만 톤에 달하고, 1년 동안에는 약 1,800만 톤이라는 무시무시한 양에 이르는 것이다.

이런 쓰레기의 양을 줄이기 위해서 많은 제도가 시행되었고, 여러 운동이 전개되고 있다. 대표적인 것으로 '쓰레기 종량제'가 있는데, 이 제도는 쓰레기 발생량을 줄일 목적으로 시작된 것으로 배출되는 쓰레기의 양에 따라 요금을 부과하는 제도이

▲ 우리가 만들어 내고 있는 쓰레기들

다. 우리나라에서는 1994년 4월부터 일부 지역에서 시작되었으며, 1995년 1월 1일부터 전국적으로 시행되었다. 용량에 따라 비닐 규격 봉투의 크기를 다르게 하는 방법을 쓰고 있다. 또한 쓰레기 양을 줄이기 위해 분리수거도 하고 있는데, 종이류나 플라스틱류, 비닐봉지류, 캔류 등을 따로 수거하여 재활용하고 있는 것이다. 음식물 쓰레기 역시 무게에 따라 처리 비용을 달리 하는 방법으로 쓰레기의 양을 줄이기 위해 지속적인 노력을 기울이고 있다. 하지만 이런 방법이 근본적인 것은 아니다. 근본적으로 구입하는 물건의 양, 버리는 물건의 양이 줄지 않는 이상 쓰레기의 양을 줄일 수는 없다. 따라서 물건을 살 때는 '나에게 꼭 필요한지', '이것과 비슷한 물건을 이미 가지고 있는 것은 아닌지', '충동적으로 구매하는 것은 아닌지' 등을 꼼꼼히 잘 체크해 보고 물건을 구매하는 것이 바람직하다. 그리고 물건을 버릴 때에도 '이렇게 버리는 것이 맞는지', '이 물건을 필요로 할 사람은 없는지' 등을 체크해 보고 함께 나누어 쓸 수 있도록 해야 한다. 그래야 쓰레기의 양을

줄일 수 있다. 정리수납은 가지고 있는 물건만을 대상으로 하지 않는다. 정리수납은 새로운 물건을 구입할 때 '사야 할 것'과 '사지 말아야 할 것'을 정리해주는 힘을 가지고 있다.

정리로 줄이는 쓰레기 하나: 현명하게 쓰기

대부분의 쓰레기는 이제까지 땅에 묻는 방법으로 처리해 왔다. 그런데 이렇게 처리하던 방법이 더 이상은 힘들어질 것으로 생각된다. 왜냐하면 더 이상 버릴 곳이 없기 때문이다. 우리나라의 경우 현재 생활 쓰레기의 약 15%는 땅에 묻는 매립 형태로 처리되고, 25%는 태워지는 소각 형태로 처리된다. 아래의 표를 보면 일본의 1.3%, 독일의 0.5%에 비해 우리나라의 매립 비율이 매우 높은 것을 알 수 있다. 우리나라와 달리 땅에 묻는 쓰레기의 비율이 0.5%밖에 되지 않는 독일의 경우는 생활 쓰레기를 줄이기 위해서

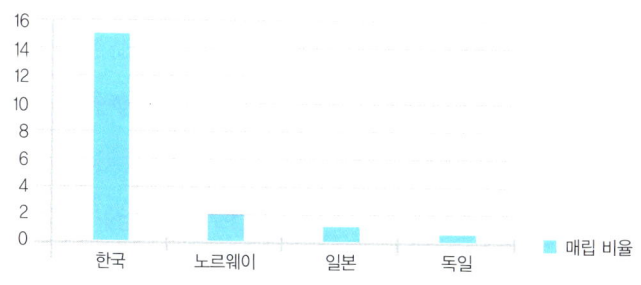

▲ 생활 쓰레기 처리 방법 중 매립 비율

많은 노력을 기울이고 있고 전 세계적으로 가장 강력한 환경 정책을 추진하는 나라이기도 하다.

 소각되는 쓰레기의 절반가량은 에너지 등으로 회수할 수 있지만, 단순히 땅에 묻는 방법으로는 필요한 에너지를 얻을 수 없다. 그런데 이렇게 계속해서 땅에 쓰레기를 묻는다면 쓰레기가 많이 나오면 나올수록 더 많은 땅이 필요하게 된다. 땅의 크기에 비해 인구밀도가 높은 우리나라에서는 더더욱 쓰레기를 묻을 곳이 없어 애가 탈 수밖에 없다.

 이렇게 버리는 것도 힘든 쓰레기를 줄이기 위해서는 쓰레기가 발생하지 않도록 하는 것이 가장 중요하다. 그러기 위해서는 필요한 물건만 구매하여 사용해야 한다. 즉, 아껴야 한다. 옛 속담에 '강물도 쓰면 준다'는 말이 있다. 아무리 많아 보여도 아껴서 써야 한다는 의미로 절약의 소중함을 강조하는 것이다.

 그렇다면 물건을 아껴서 쓰기 위해서는 어떤 방법이 있을까? 먼저 일회용품 사용을 줄이는 것이 바람직하다. 종이컵, 나무젓가락, 비닐봉지 등 일회용품은 쓰레기가 되는 주범이다. 종이컵 대신에 머그컵이나 텀블러를 쓰고, 나무젓가락 대신 젓가락, 비닐봉지 대신에 장바구니를 사용하면 된다. 두 번째 방법으로 종이는 한 번 쓰고 버리지 않는 것이다. 인쇄를 한 번 한 종이는 뒤집어서 이면지로 한 번 더 사용하면 종이 사용량을 50%로 줄일 수 있다. 이면지를 활용하는 것보다 더 현명한 것은 인쇄가 꼭 필요한 것인지 아니면 파일로 사용해도 되는 것인지 정리해 보는 것이다. 모든 문서를 꼭 인쇄해서 보관해야 하는 것은 아니다. 인쇄된 서류들은 종이의 낭비뿐 아니라 수납해야 할 공간도 많이 차지한다는 것을 명심해야 한다. 물건을 아껴 쓰기 위한 세 번째 방법은 '물건 리스트'를 작성하는 것이다. 예를 들어 냉장고에 든 물건 리스트, 창고에 있는 물건 리스트를 작성해 보는 것이다. '냉장고: 달걀, 김치, 고추장, 된장, 상추, 고추, 파, 양파, 사과', '창고: 화장지, 캠핑용 매트, 캠핑용 그늘막, 페인트, 붓' 등과 같이 리스트를 작성하면 내가 가지고 있는 물건과 내가 가지고 있지 않은 물건을 한눈에 알 수 있다. 이렇게 하면 집에 없는 줄 알고 무분별하게 물건을 사들이는 것을 막을 수 있다. 그리고 무엇보다도 물건을 아껴 쓰기 위해서는 내가 가지고 있는 물건을 소중히 여기는 마음이 필요하다. 쉽게 사고 쉽게 버릴 수 있는 물건이 아니라 내게 꼭 필요해서 어렵게 결정하여 산 물건이라면 쓸 때도 더 소중히 여겨 아껴서 쓸 수 있을 것이다.

정리로 줄이는 쓰레기 둘: 중고 활용하기

남이 사용하는 물건에는 귀신이 붙었다고 하여 집으로 들이기를 꺼려했던 시기가 있었다. 물론 요즘도 그런 사람이 있기는 하지만 예전만큼은 아닌 것 같다. 나에게 꼭 필요한 물건이라면 중고 물품으로도 충분히 만족할 수 있을 것이다. 재활용이란 다 쓴 물건을 버리지 않고 다른 용도로 바꾸어 쓰거나 고쳐서 다시 쓰는 일을 말한다. 예를 들어서 다 먹은 생수통을 버리지 않고 깨끗이 씻어서 잡곡을 보관하는 수납용품으로 활용하는 것 등이다.

재활용을 하기 위한 방법으로는 크게 3가지가 있다. 첫 번째로는 재활용 센터를 이용하는 것이다. 필요한 물건이 있는데 새로 사기에는 좀 비싸서 고민이 된다면 재활용 센터에서 필요한 물건을 고르는 것도 도움이 된다. 일반적으로 새 제품보다는 70~80% 정도 싸게 살 수 있기 때문에 경제적으로 크게 도움이 된다. 특히 몇 년 정도밖에 쓰지 않을 전자제품이나 가구 등을 사야 한다면 재활용 센터를 찾아보는 것이 좋은 방법이다.

두 번째 방법은 중고 서점을 이용하는 것이다. 도서관 등에서 빌려 보기에는 아쉽고 새로 구입하기에는 부담이 되는 책이 있다면 중고 서점을 찾아보자. 알라딘 중고 서점(www.aladin.co.kr) 등 중고 서점에서는 다른 사람들이 판 중고 책을 상품 상태에 따라 각각 다른 가격으로 살 수 있기 때문에 새 책으로만 사는 것보다는 가계에 도움이 된다.

재활용하기 위한 세 번째 방법으로는 재활용품을 적절하게 사용하는 것이다. 우유팩, 빈 유리병, 종이 상자 등의 재활용품으로 필요한 소품을 만든다면 쓰레기도 줄이고, 필요한 물건을 사지 않

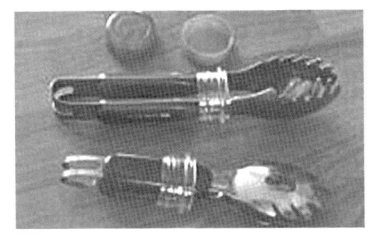
▲ 페트병 재활용

고 만들 수 있어 일석이조의 효과가 있다. 페트병으로는 윗부분을 잘라 깔때기를 만들 수도 있고, 우유팩은 냉장고에 물건을 수납하는 용기 등으로 활용할 수 있다. 사진처럼 페트병의 입구만 가로로 잘라서 집게가 벌어지지 않도록 끼우는 홀더로 활용하는 방법도 있다. 필요한 물건을 반드시 새 제품으로만 사야 한다는 편견을 버리면 의외로 주위에 활용할 수 있는 제품은 많이 있다. 이런 제품들은 내가 쓰기에 편하게 바꾸거나 꾸민다면 나만의 소품이 되기도 하고 우리 집에서 꼭 필요한 물건이 될 수도 있는 것이다. 물건을 구입할 때도 요긴하지만 반대로 나에게 필요하지 않은 가구, 책장, 가전제품, 읽지 않는 책 등이 있을 때도 재활용 센터나 중고 서점에 넘기자. 어차피 사용하지 않는 물품을 판매해서 좋고 무엇보다 그 물건이 놓여 있던 공간을 보상받을 수 있는 기회이니 말이다.

한국정리수납협회는 동북아평화연대 도재영 이사장과 함께 2013년부터 '한복 사랑 나눔'이라는 프로젝트를 진행하고 있다. 각 가정에서 입지 않고 옷장에 보관하고 있는 한복을 모아 우리나라에 거주하고 있는 다문화가정에 나눠주는 것이다. 모인 한복은 손질을 거쳐 안산에 있는 고려인들에게 전달되었다. 한복을 받은 고려인들은 진짜 이 한복을 입어도 되냐며 즐거워하면서도 믿기지 않는 얼굴들이었다. 단지 새 주인을 찾아주었을 뿐인데 한복의 가치는 수치로 환산하지 못할 정도로 높아진 것이다. 지난 6월에는 멀리 러시아까지 그 한

▲ 온나한 로고

복이 전달되어 한국을 알리고 사랑을 전달하는 뜻 깊은 나눔을 실천하게 되었다. 2014년부터는 '온나한'을 후원하고 있다. 온나한이란 '옷장을 나온 한복'을 줄여 부르는 말이다. 서울대학교 경영학과에 재학 중인 김창희 학생 외에 5명으로 구성된 동아리이다. 입지 않는 한복을 기증받아 디자인을 전공하는 학생들이 젊은 감각으로 새롭게 디자인한다. 경력 단절 여성에게 한복 리폼 교육을 시켜 리폼 작업을 의뢰하고 완성된 한복은 동아리 인터넷 쇼핑몰을 통해 대여 및 판매 사업을 하는 것이다. 한복을 재활용하고 경력 단절 여성들에게는 일자리를 만들어주어 경제적 자립 및 재사회화를 추진하고 있다. 또한 교환학생 및 외국인 관광객에게 한복 문화 행사를 통해 한복의 아름다움을 알리고 침체된 한복 시장 활성화와 한복 문화 확산에 노력하고 있다. 나는 온나한의 경영과 마케팅 지원뿐 아니라 전국에 있는 정리수납 전문가들을 통해 한복을 보아 온나한에 무료 기증하는 일을 맡고 있다. 한복을 기증해주는 사람들도 뜻 깊은 곳에 쓰인다는 것을 알고 기쁜 마음으로 동참하고 있다. 재활용은 내가 할 수도 있고 온나한의 사례와 같이 다른 사람을 통해 물건의 가치를 재창조시킬 수도 있다. 이렇

게 버림이 그냥 버림으로 끝나는 것이 아니라 나눔을 통해 새 물건으로 탄생되는 것이다.

정리로 줄이는 쓰레기 셋: 나누기

마트에서 물건을 사다 보면 원 플러스 원이라고 해서 2개의 같은 물건을 묶어 저렴하게 팔거나 같은 물건이라도 대용량의 물건을 더 싸게 파는 경우를 종종 볼 수 있다. 또 대용량 상품을 주로 판매하는 트레이**, 빅**, 코스** 등 창고형 할인매장들의 경우 해마다 영업이익률이 상승하고 있다. 대용량 상품으로 살 경우 소량으로 살 때보다 저렴하다는 생각에 많은 소비자들이 창고형 할인매장을 찾기 때문이다. 이러한 추세에 맞춰 화장품 역시 대용량 화장품이 눈에 띄게 늘었다. 대용량 화장품은 기존에 판매하는 화장품보다 용량은 두 배가량 늘었지만, 같은 제품을 두 개 사는 것보다 평균 17%에서 최대 40%까지 저렴해서 많은 사람들이 찾기 때문이다. 그런데 이렇게 대용량 제품을 사게 되면 문제점도 있게 마련이다. 1개씩 사면 1,000원인 빵을 12개 묶음으로 사면 12,000원이 아닌 8,000원이라 싸다고 생각해서 샀는데, 정작 구매하여 절반 정도 먹고는 나머지는 오래 두어 상하거나 맛이 없어져서 버리는 경우가 생기기 때문이다. 이렇게 버려지는 건 다 그냥 쓰레기일 뿐이다.

　정리수납 컨설팅 고객 중에 이런 분이 있었다. 냉장고 정리수납을 하려고 냉동실 문을 열어 보니 냉동실 전체가 꽃빵으로 가득 차 있길래 왜 이렇게 꽃빵을 많이 사다 놓으셨냐고 물으니 남편과 아이들이 좋아해서 항상 냉동실에 가득 채워 놓는다는 것이다. 가족이 아무리 좋아해도 냉동된 꽃빵을 먹는 것보다 조금씩 사서 신선한 것을 먹는 것이 좋지 않겠냐고 했더니 본인은 대형마트를 이용하기 때문에 소량으로 구입할 수가 없다는 것이다. 습관은 참 무서운 것이다. 내가 필요해서 마트를 선택하는 것이 아니라 대형마트 상품에 맞추어 살고 있는 현실이다. 소량으로 판매하는 곳에서 구입하면 되는 그 간단한 일을 엄두도 내지 못하는 것이 이 고객의 문제만은 아닌 듯하다. 어쩔 수 없이 대용량을 사거나 내가 필요한 양보다 많은 양을 살 때는 혼자서 다 쓰려고 하기보다는 나누는 지혜가 필요하다. 원 플러스 원으로 싸게 파는 우유를 사거나, 한 단으로 묶여 있는 파를 사거나 묶어서 대용량으로 만들어진 빵을 사는 것이 더 경제적이었다면 가까운 친척이나 주위의 이웃과 나누어서 쓰면 된다. 그러면 물건은 저렴하게 살 수 있어서 좋고, 남기는 물건은 없으니까 쓰레기가 줄어서 좋다. 물건은 나누고 마음은 채울 수 있도록 생활의 패턴을 바꿔 보자.

정리로 줄이는 쓰레기 넷: 함께 쓰기

두 사람 이상이 한 물건을 공동으로 소유하는 것을 '공유'라고 하는데 예전에는 자연스럽게 물건을 공유했었다. 2008년 미국 하버드대 로런스 레식 교수가 처음 사용한 용어로, 한 번 생산된 제품을 여럿이 함께 쓰는 협업 소비가 기본이 되는 경제 방식을 말한다. 그 규모가 2013년에는 51억 달러 수준이었지만 이후 매년 80% 이상 폭발적으로 성장하고 있어 크게 주목받고 있다. 2008년에 문을 연 집이나 방을 빌려주는 '에어비엔비' 등이 대표적인 경우에 속한다. 우리나라의 경우에도 공유를 통해 함께 살아온 예는 많다. 마을 우물에 있는 두레박은 너나 할 것 없이 함께 썼고, 소가 있는 집에서는 바쁜 농사철에 소를 다른 집 농사일에 빌려주는 것을 당연하게 여겼다. 그런데 최근 들어 이러한 공유에 대한 관심이 다시금 높아지고 있다. 때문에 공유 경제(Sharing Economy)라는 말을 심심치 않게 쓰고 있다. 너와 내가 아닌 '우리'를 생각하는 개념으로 집이나 사무실, 자동차, 작업 공간 등을 공유하는 것을 말한다. 자신이 쓰지 않을 때 차를 빌려주거나 집을 빌려주는 것은 경제적으로도 이익이 되며 불필요한 물건을 구입하고 관리하는 데 비용과 에너지를 낭비하지 않게 한다. 그런데 이렇게 공유하는 활동, 즉 함께 쓰는 활동을 하면 자연스럽게 쓰레기도 줄일 수 있다. 남는 것이 없도록 알뜰하게 함께 쓰기 때문이다.

이처럼 최근 들어서는 공유의 취지를 잘 살린 기업이나 사이트가 많이 생겼는데, '키플(www.kiple.net)' 역시 공유 경제에 앞장서고 있다. 서울시 지정 공유 기업인 키플은 옷장 속에 잠들어 있는 옷을 공유하는 형태의 사이트이다. 몇 번 입지도 않고 작아져서 아쉬운 아이들 옷을 함께 나누는 사이트가 키플이라면 성인들이 정장을 나눌 수 있는 사이트는 '열린옷장(www.theopencloset.net)'이다. 옷장 속에 잠들어 있는 옷을 필요로 하는 사람에게 연결시켜 주는 목적으로 만들어진 사이트이다.

옷 외에 장난감도 공유할 수 있는 좋은 물건 중 하나이다. 아이들이 커 가면서 필요로 하는 장난감은 많은데 매번 구입하기에는 경제적으로 부담이 되고, 아이도 얼마 가지고 놀지 않아 싫증을 느끼기 때문이다. 서울시 '녹색 장난감 도서관(www.seoultoy.or.kr)'에서는 일반 도서관에서 책을 빌리는 것처럼 장난감을 빌려서 이용할 수 있다. 광주의 '빛고을키즈 공유센터(www.gwangju.go.kr)'의 경우 장난감은 물론 60개월 미만의 영유아용품을 가지고 와서 다른 것과 바꾸어 사용할 수 있는 곳이다. 이외에도 지방자치단체나 주위의 문화센터 등을 잘 찾아보면 책이나 장난감, 옷 등을 공유하는 경우가 많이 있으니 이용하면 가정 경제에 큰 도움이 된다. 물론 얼마 쓰지 않고 버려야 할 물건을 사지 않아 쓰레기를 줄일 수 있다는 이점도 따라온다.

03

나누면 행복하다

돈이 아주 많고 좋은 집에 사는데도 자신이 가진 것을 움켜쥐고 놓지 않는 사람이 있는 반면 넉넉하지는 않지만 항상 나누면서 살아가는 사람도 있다. 행복의 기준은 사람에 따라 다르겠지만 과함이 부족함을 이기지 못한다. 나눔이라고 하면 일반적으로 물건이나 돈을 생각하게 된다 하지만 좀 더 넓게 생각하면 생각, 마음, 시간, 재능과 같이 나눌 수 있는 것이 많다는 것을 깨닫게 될 것이다. '돈을 벌면, 시간이 나면, 마음의 여유가 생기면 나눠야지' 하면서 미루고 있다면 지금 당장 나누자. 옆 사람에게 따뜻한 말 한마디라도 말이다.

나눔을 실천하는 이웃들

1931년에 태어난 척 피니는 전 세계 최대 규모의 면세점인 DFS (Duty Free Shop)의 공동창업자로, 세계에서도 손꼽히는 부자 중 한 명이다. 하지만 척 피니의 손목에는 저렴한 시계가 채워져 있고, 비행기를 탈 때도 저렴한 이코노미석을 이용한다. 그가 이렇게 알뜰한 데는 이유가 있다. 그는 더 많은 돈을 가지기 위해서가 아니라 더 많은 돈을 나누기 위해서 낭비하지 않고 함부로 돈을 쓰지 않는 것이다. "나는 돈 버는 것을 정말 좋아합니다. 하지만 그 돈이 내 삶을 움직이진 못하죠. 한 번에 두 켤레의 신발을 신을 수는 없는 법이니까요"라고 말하는 척 피니는 익명으로 재단을 만들어 매일 100만 달러를 기부해 오면서도 자신의 선행을 자랑하지 않았다. 그는 진정한 의미의 나눔을 평생 실천하고 있는 것이다.

2009년 국제로터리 국제대회가 방콕에서 개최되었다. 나는 그 국제대회에 연사로 초청된 무하마드 유누스에게 큰 감동을 받았다. 1940년 방글라데시에서 태어난 무하마드 유누스 역시 나눔을 실천한 사람으로 잘 알려져 있다. 1970년대 당시 방글라데시는 홍수 등으로 큰 피해를 입고 집과 재산을 잃어 고통받는 이재민이 많았다. 그러나 은행에서는 가난한 사람들에게 돈을 빌려주지 않았고 이재민은 더 큰 고통을 받을 수밖에 없었다. 이에 경제학자로 대학에서 강의를 하고 있던 무하마드 유누스는 자신의 한 달

월급 27달러를 가난한 여성에게 대가 없이 빌려주었다. 이후 그는 가난한 사람들을 위해 그라민 은행을 세웠고, 쉽게 돈을 빌릴 수 있게 하여 가난한 사람들이 스스로 설 수 있도록 도와주었다. 이러한 그의 노력이 인정받아 2006년에는 노벨 평화상을 수상하기도 했다.

1955년 미국에서 태어난 빌 게이츠는 마이크로소프트를 세운 인물로 잘 알려져 있다. 정보기술 기업의 대명사로 일컬어지는 마이크로소프트는 세계에서도 손꼽히는 회사로 빌 게이츠 역시 세계에서 가장 부유한 인물 중 상위에 손꼽힌다. 그런 빌 게이츠는 2000년 자신과 부인의 이름을 따서 '빌앤멜린다 게이츠'라는 이름의 재단을 세웠고 자신이 가진 것을 나누기 시작했다. 1천억 달러가 넘는 재산을 가진 게이츠는 자신의 세 자녀에게는 각각 1천만 달러씩만 주고 나머지는 모두 나누겠다고 할 정도로 나눔의 삶을 열심히 살고 있다.

나눔을 실천한 우리 선조들

나눔을 실천한 외국의 명사들처럼 우리나라에도 많은 인물들이 자신이 가진 것을 나누는 기쁨을 누려 왔다. 김만덕, 유일한, 장기려 등이 대표적인 인물이다.

조선시대인 1739년 제주에서 김만덕은 가난한 집의 딸로 태어났다. 가난한 살림에 먹고 살 길이 없어 기생의 수양딸이 된 김만덕은 춤을 배워 기생의 삶을 살기도 했다. 그러다 객주를 운영하면서 제주도 물품과 육지 물품을 사고파는 일을 하며 돈을 벌기 시작했다. 그러던 차에 제주도 사람들은 계속되는 자연재해로 큰 고통을 겪게 되었고 굶어죽을 위기에 처하게 된다. 이를 알게 된 김만덕은 자신의 전 재산을 털어 육지에서 쌀을 사들였다. 그리고 그 쌀을 굶주린 제주도 사람들에게 나누어주었다. 이러한 나눔의 선행은 당시 임금이었던 정조의 귀에까지 들어가게 되었고 큰 치하를 받았다고 한다.

1895년 평양에서 태어난 유일한은 미국으로 건너가 식품회사를 세웠고 큰 성공을 거둔다. 이후 한국으로 다시 돌아온 유일한은 약이 부족해 치료도 제대로 받지 못하는 사람들을 보고 제약회사인 유한양행을 세우게 된다. 1962년에는 유한학원을 세운 유일한은 "전 재산을 교육하는 곳에 기증하라"는 평소의 말처럼 자신이 가진 것을 다른 사람들과 나누는 것에 인색하지 않은 사업가의 삶을 살았다.

1911년 용천에서 태어난 장기려는 서울대학교 의과대학 외과 교수가 되었다. 그러다 그는 1950년 6·25 전쟁이 일어나자 많은 피난민들이 부상과 병으로 고통받는 부산으로 간다. 그리고 그곳에서 복음병원을 세워 피난민은 물론 가난한 사람을 무료로 진료

하는 일을 시작하게 된다. 장기려는 25년간 복음병원의 원장으로 자신의 의술을 나누는 일을 계속하여 1976년에는 국민훈장동백장, 1979년에는 막사이사이상, 1995년에는 인도주의 실천의사상을 받았다.

나눔에는 힘이 있다

직업과 봉사, 사람들은 어떤 경우에 더 행복을 느낄까? 정리수납 전문가들은 고객들에게 유료 서비스를 제공하기도 하지만 독거노인이나 저소득층을 대상으로 주거 환경 개선 봉사도 한다. 전문 직업으로 활동하는 밴드와 봉사단 밴드가 각각 운영되고 있다. 같은 사람이 유료 서비스로 작업을 하기도 하고 무료 봉사를 하기도 한다. 양쪽 밴드에 올라온 사진을 보면서 나는 생각에 잠기곤 한다. 돈을 받으면서 작업한 경우보다 돈을 받지 않고 무료로 봉사를 한 팀이 항상 더 밝고 봉사의 기회를 주어 고맙다는 감사의 글을 잊지 않는다. 반면 유료 서비스를 한 사람들은 고객이 까다롭다느니 작업 조건이 어려웠다느니 불평불만을 털어 놓기 일쑤다. 그래서 나는 정리수납 전문가들에게 이렇게 말하곤 한다. "유료 서비스를 할 때 봉사하는 마음으로 해라. 봉사를 했는데 돈까지 준다면 더 기쁜 일이 아닐까?"

이러한 행복 때문에 하루하루 김밥을 말아서 판 돈을 모아 학생들 공부하는 데 쓰라고 나누기도 하고, 자신은 안 입고 안 쓰며 알뜰하게 모은 돈을 자신보다 힘든 사람들을 위해 써 달라며 나누기도 하는 것이다. 사실 나눔이란 어려운 것만은 아니다. 내 것을 다른 사람과 나누어 가지거나 함께 쓰는 일일 뿐이다. 하지만 이렇게 생각보다 어렵지 않은 나눔인데도 그 힘은 아주 강하다. 작은 나눔이 모이고 모여서 큰일을 하기 때문이다. '힘을 모아 해비타트(Habitat)'처럼 약 400만 명의 사람들에게 새로운 집을 지어주기도 하고, '옷캔(otcan)'처럼 안 입는 옷을 나누고 팔아서 어려운 환경에 처한 가난한 나라의 어린이들에게 교육을 제공하기도 한다. 한국과학창의재단에서 운영하는 '티칭코리아(www.teachforkorea.go.kr)'는 교육을 기부하는 사람과 받는 사람을 연결해주기도 하고, '비비비코리아(www.bbbkorea.org)'는 외국어 재능을 나누는 곳으로 자원 봉사자들로 이루어져 있다. 의사소통에 불편함을 느끼는 사람을 도와주는 일을 하기도 한다.

   이렇게 나누고 함께하면 생각보다 큰 것을 이룰 수 있다. 뿐만 아니라 나누면서 얻을 수 있는 보이지 않는 것들도 많이 있다. 사람들 사이에 생기는 믿음과 정 등이 바로 그것이다. 서로에 대한 신뢰가 쌓이고 끈끈한 정이 오고가기 때문이다. 이렇게 나누면서 서로가 행복해지는 것, 바로 나눔의 힘이다.

04

생각이 바뀌면 생활이 바뀐다

이제껏 우리는 버리는 것에도, 바로 채우는 것에도, 나누는 것에도 소극적이었다. 물건을 사는 것은 쇼핑몰이나 홈쇼핑을 이용하며 적극적으로 하면서 물건을 버리고, 바로 채우고, 나누는 것에는 의외로 소극적이었던 것이다. 하지만 이렇게 해온 결과 물건은 쌓여만 가고 정리는 되지 않고 나눌 줄 몰라 인색한 사람이 되어버린 것이다. 생각이 바뀌면 행동이 바뀌고 행동이 습관이 되면 인생이 바뀌게 된다. 나의 인생을 바꾸는 것이 그리 큰 것에서 이루어지는 것은 아니다. 작은 물건 하나 정리하는 것에서도 바뀔 수 있다.

마음을 풍요롭게 하는 나눔의 힘

 제 손에 쥔 것을 놓기 싫어서 꽉 움켜쥐고 있는 사람들은 마음이 불편하다. 왜냐하면 자기가 가진 것을 빼앗길까 봐 늘 전전긍긍해야 하기 때문이다. 누군가 자기에게 호의를 가지고 손을 내밀어도 "어? 저 사람이 왜 저러지? 혹시 내 거 달라고 저러는 것 아냐?" 하는 의심하는 마음을 갖게 된다. 그러면 늘 그 사람 마음은 사막의 모래알처럼 꺼끌꺼끌하고 메마르고 삭막할 수밖에 없다. 하지만 자기가 가진 것을 기분 좋게 나누는 사람은 늘 마음이 너그럽고 풍요롭다. 다른 사람과 함께하는 법을 알기 때문에 사람을 만나는 것이 늘 즐겁고 행복하다. 그리고 남을 위해 나눌 줄 아는 마음이 있기 때문에 자기만 생각하지 않아 이해심도 있고, 포용력도 생긴다.

 유대인의 경전 《탈무드》에 보면 '남을 행복하게 하는 것은 향수를 뿌리는 것과 같다. 뿌릴 때 자기에게도 몇 방울 정도 묻기 때문이다'라는 말이 있다. 이처럼 나눔도 향수와 같다. 다른 사람에게 향수를 뿌리면 그 향기가 자신에게도 돌아오듯 나눔의 가치와 행복은 늘 돌아오게 마련이다. 또한 나눌 때는 아무 생각 없이 나누지 않는다. 대개 자신의 마음과 사랑을 담게 마련이다. 때문에 평생을 나누면서 살았던 마더 테레사는 "얼마나 많이 주었느냐가 아니라 주는 행위 속에 얼마나 많은 사랑이 담겨 있는지가 중요하다"고 했다. 많은 사랑을 담고 나누는 일을 하면 어느 사이엔가 자신의 마음도 여유롭고 풍요로워지는 것을 느낄 수 있다. 내가 가진 물건을, 그것도 잘 쓰지 않는 물건을 굳이 끌어안고 있을 것이 아니라 주위에 나누고 함께 쓰도록 해 보자. 내 옷장과 책장, 내 집도 가벼워지고 물건 역시 필요한 사람을 찾아갈 수 있을 것이다. 그러면 나눔이 가진 힘 덕분에 내 마음과 생활도 반짝반짝 빛나게 될 것이다.

질서를 만들어주는 정리의 힘

물건과 마음을 나누면서 나눔의 힘을 느꼈다면 이번에는 내 공간으로 다시 돌아와 정리의 힘을 느낄 차례이다. 제대로 정리가 된 공간에는 놀라운 힘이 있다. 정리가 잘 된 공간은 질서가 잡혀 있기 때문이다. 평소에 생활할 때도 물건을 찾아 헤매고 다닐 필요 없이 내가 원하는 물건을 바로바로 찾을 수 있다. 뿐만 아니라 새로운 물건이 들어와도 '어? 이 물건을 어디에 두지?'라고 고민할 필요 없이 '그래, 이 물건의 자리는 당연히 여기지'라고 제자리를 찾아가게 된다. 《청소력》의 저자 마스다 미쓰히로는 청소의 힘이 사람의 삶의 목표를 확실히 정하고 집중하여 새로운 인생을 살아가는 힘이 된다고 한다. 그는 세상에서 가장 쉬운 방법으로 성공했다고 한다. 버리고, 닦고, 정리하는 것으로 말이다.

마트에 가면 물건들이 매대 가득 진열되어 있다. 그런데 이 물건들은 나름의 규칙에 따라 질서 있게 정리되어 있다. 식품은 식품끼리, 가전제품은 가전제품끼리, 화장품은 화장품끼리 묶여서 정리되어 있다. 식품 내에서도 음료는 음료끼리, 과자류는 과자류끼리, 육류는 육류끼리 나누어서 정리되어 있음을 알 수 있다.

그런데 만약 마트 물건들이 질서 있게 정리되어 있지 않다면? 물건들이 조금씩 엇갈려 놓여 있다면 어떨까? 정리하는 사람은 어떻게 정리해야 할지 몰라서 점점 더 엉망이 될 것이다. 집의 물건 역시 마찬가지다. 빨아야 할 옷이 빨래통에 안 들어 있고 거실에 널려 있다면? 책이 책장에 꽂혀 있지 않고 여기저기에 널려 있다면? 아마 집에 살고 있는 가족 구성원들은 점점 물건을 아무 데나 놔두게 될 것이고, 집은 더 엉망이 될 것이다. 이것이 바로 '깨진 유리창 법칙'이다.

《깨진 유리창 법칙》이라는 책을 보면 1982년 미국의 범죄학자인 제임스 윌슨과 조지 켈링이 주장한 이론이 나온다. 그들은 건물의 깨진 유리창을 방치하면 나중에 그 일대가 우범지대가 된다고 주장했다. 깨진 유리창을 본 사람들이 점점 더 유리창을 깨거나 건물을 쉽게 부수게 되고 이것이 범죄로 이어진다고 생각했기 때문이다. 이러한 주장에 공감한 뉴욕의 한 시장은 낙서와의 전쟁을 선포했고, 이후 중범죄가 무려 75% 줄어드는 결과를 이루었다.

단지 낙서만 없앴을 뿐인데도 말이다.

  이처럼 어딘가 어긋나 있고 정리되지 않은 환경은 '어질러도 되는구나' 하는 마음을 갖게 한다. 정리하고자 하는 마음을 갖지 않게 되는 것이다. 반면 깨끗하고 정리된 환경에는 놀라운 힘이 있다. '어지르면 안 되겠구나' 하는 마음을 갖게 하고 정리된 환경을 유지하고자 하는 마음이 들게 한다. 정리는 질서를 만들어주고, 그 질서를 계속 유지하고 싶게 만들어 우리의 생활까지도 변화시킨다. 정리가 습관이 되면 많은 것이 변할 수 있다.

05

봉사를 실천하는 '콩알'

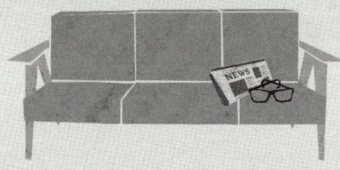

콩알 봉사단은 2013년 1월 설립된 1,000여 명의 정리수납 전문가로 구성된 봉사 단체이다. 왜 '콩알'이냐고 묻는 사람들이 많다. '콩알 한 쪽이라도 나누어 먹어라'라는 속담이 있듯이 아무리 작은 것이라도 나눌 것은 있다는 의미이기도 하고, 한 알의 콩알은 쓸모가 없지만 콩알 한 알 한 알이 모이면 사람에게 꼭 필요한 영양분이 되어주기 때문에 봉사자 한 명 한 명을 콩알에 비유한 것이다. 정리수납 전문가들 한 명 한 명이 따로 봉사하면 큰 힘을 발휘하지 못하지만 함께 모여 봉사를 하면 사회에 큰 힘이 될 수 있을 거라 믿고 작은 콩알이 킹콩이 되기를 바라는 마음에 콩알이라는 이름을 지었다. 콩알 봉사단은 정리수납 전문가로서 전문 직업의 도덕적 수준을 높이고 직업의 진가를 인식하며 '비움'과 '채움'을 실천하여 나눔을 행하는 데 그 목적이 있다.

'콩알'에는 4가지 표준이 있다

콩알 봉사단의 주요 활동 내용은 다음과 같다.

'주거 환경 개선, 정리수납 교육, 장애인 생활 코칭, 무료 급식 봉사, 초·중·고등학생 직업 멘토링'

▲ 콩알 로고

주거 환경 개선은 독거노인, 저소득층, 다문화가정 등을 대상으로 주거 환경을 개선해주는 봉사이다. 대부분의 가정에 방문해 보면 가장 문제가 되는 것이 주거 환경으로 적합하지 않다는 것이다. 면역력이 떨어져 있는 노인이나 아이들에게는 깨끗한 주거 환경이 절실히 필요함에도 불구하고 온갖 쓰레기와 바퀴벌레까지 펼쳐져 있어 정리수납으로만 해결되는 것이 아니라 방충 방역까지 실시하지 않으면 안 될 정도인 경우가 많다. 처음 봉사를 시작할 때는 시행착오도 많았다. 사회복지사와 동행을 했는데도 불구하고 집 앞에서 쫓겨난 적도 있고 바퀴벌레 알레르기가 있는 것도 모르고 작업했다가 병원 신세를 진 적도 있다. 덕분에 내가 바퀴벌레 알레르기가 있다는 것도 처음 알게 되었다. 이 봉사에 참여해 보지 않은 사람은 모른다. 그 에너지가 얼마나 행복한 것인지 말이다. 처음에 서비스 받기를 꺼려했던 분들도 봉사를 마치고 나면 삶의 의욕과 가족 간의 친밀감이 더 생겼다고 말한다. 다시는 예전으로 돌아가지 않겠다고 다짐을 하는 분도 있다. 주거 환경 개선은 한 번의 작업으로 끝나는 것이 아니라 2개월에 한 번씩 재방문을 통해 유지 관리 및 살림 코칭을 지속적으로 지원한다. 주거 환경 개선 봉사 때 필요한 것이 물품 나눔이다. 그래서 우리 회사 교육장 한쪽에는 온갖 물품들이 자리 잡고 있다. 이렇게 몇 년을 봉사하다 보니 각 구청에서 복지 차원으로 주거 환경 개선에 관심을 갖기 시작했다. 각 구의 경력 단절 여성들에게는 일자리를 주고 주거 환경 개선이 필요한 사람들에게는 복지 혜택을 주니 일석이조인 셈이다.

　장애인 생활 코칭 봉사는 복지관과 연계하여 장애인들에게 일상생활에서 활용할 수 있는 기본적인 정리수납 방법을 무료로 교육하는 것이다. 지적장애인들에게 정리수납 교육 봉사를 해 달라는 요청을 받았을 때 처음에는 거절했다. 아무리 봉사라고는 하지만 봉사 후에도 변화가 없을 일을 하기에는 시간도 인력도 부족했기 때문이다. 하지만 원장 수녀님과 사회복지사는 포기하지 않고 나를 설득했다. 지적장애를 가졌다고 해서 학습 능력이 전혀 없는 것은 아니라는 것이다. 지속적으로 꾸준히 반복하면 아이들이 변할 수 있다는 것이다. 만약 수녀님 말씀대로 아이들에게 변화가 생긴다면 시작해 보겠다고 했다. 단, 6개월만 진행해 보고 포기를 할지 연장을 할지 결정하기로 했다. 그런데 그리 오래지 않아 우리는 놀라운 경험을 했다. 처음에는 수건, 양말 하나 개기 힘들어 하던 아이들이 3개월이 지나고부터는 앞에 나와 설명까지 할 수 있게 된 것이다. 어떤 부모님은 퇴근하고 집에 돌아오니 아이가 집에 있는 모든 빨래를 개어 놓아 정말 놀랐다면서 진작부터 아이에게 반복 교육을 시켰으면 지금보다는 훨씬 나은 삶을 살 수 있었을지 모른다며 다 본인 잘못이라고 울기도 했다. 벌써 2년이 넘어 수료생도 배출하고 아직까지 행복한 봉사는 계속되고 있다.

  올해 초 인천구치소 담당자로부터 정리수납에 대한 강의 요청을 받았다. 구치소에 있는 사람들에게 하는 정리 강의라면 어떤 말을 해야 하나 잠시 망설였다. 구치소라는 곳이 물품이 많거나 소지하고 싶다고 해서 원하는 물품을 모두 가지고 있을 수 있는 곳이 아니기 때문이다. '정리 습관의 힘'이라는 주제로 강의를 준비하면서 물건이 많아야만 정리가 필요한 것이 아니라는 것을 새삼 느꼈다. 물건이 적다는 생각만 했지 공간이 좁다는 생각을 미처 하지 못했다. 좁은 공간에서 필요한 물품들을 수납하려면 효율적인 정리수납 방법이 무엇보다 중요했던 것이다. 강의를 듣는 사람들에게 물건의 정리수납만큼 중요한 것이 마음의 정리였다. 억울한 마음이 있을 수 있고, 사회에 대한 불만으로 부정적인 마음을 가지고 있을 수 있는 상황이기 때문에 무엇보다 마음의 정리가 필요했을 것이다. 어찌 생각하면 물건을 정리하는 것보다 마음을 정리하는 것이 더 복잡하고 어려울 수 있다. 하지만 물건을 비우듯 내 마음을 비우면 또 다른 긍정의 에너지로 채워질 수 있다. 이것이 바로 바르게 채워지는 에너지인 것이다. 구치소라 딱딱하고 경직되어 있을 것이라는 생각은 강의를 시작하고 얼마 지나지 않아 사라졌다. 호응도 좋았고 옷 개는 실습에서는 여자들보다 훨씬 잘하는 남자분들도 있었다. 어떤 분은 나중에 집에 돌아가서 부인에게 가르쳐주면 좋을 것 같다고 즐거워했다. 물론 담당자도 매우 만족해한 강의였다.

그 외에 노숙자 쉼터에서 노숙자 대상으로 정리 강의 봉사도 하고, 하루에 250~300명에게 하는 무료 급식 봉사와 학생들을 대상으로 하는 진로 탐색 및 멘토링 활동을 지원하고 있다. 정리수납 컨설팅을 할 때 고객이 사용하지 않는 물건 중에서 사용 가능한 물건은 따로 모아 미혼모 가정에 물품을 지원하는 봉사도 했다. 버려진 물건에게 새 생명을 불어넣어 새로운 주인을 만나 물건의 역할을 충실히 할 수 있게 하는 뜻 깊은 봉사다. 콩알 봉사단 회원들은 전문 직업인으로 경제활동도 하지만 정리수납 전문가로서 재능 기부를 통해 사회에 공헌할 수 있는 기회를 만들어준 것에 대해 감사해했다. 봉사를 시작한 지 3년이 지난 지금 콩알 봉사단은 콩알이 아닌 킹콩이 되어 전국을 따뜻하게 만들고 있다.

콩알에서는 생각하고 말하고 행동하는 데 4가지 표준을 따르고 있다. 이 4가지 표준은 국제로터리에서 사용하고 있는 것과 같다. 내가 아무리 좋은 뜻을 담아 만들어 보려고 했으나 이보다 더 좋은 것을 만들지 못해 총재님께 사용해도 되냐고 물었더니 많은 사람이 함께 사용하면 더 좋은 일이라며 흔쾌히 허락해주셨다. 나는 콩알 회원뿐 아니라 이 책을 읽는 모든 사람들이 이 4가지 표준을 실천하기를 바라는 마음으로 소개하고자 한다.

1	진실한가?(Is it the truth?)	
2	모두에게 공평한가?(Is it fair to all concerned?)	
3	선의와 우정을 더하게 하는가? (Will it build goodwill and better friendships?)	
4	모두에게 유익한가?(Will it be beneficial to all concerned?)	

▲ 4가지 표준 The Four-way test

01

정리로
스트레스를
줄인다

'공간은 넓게, 생활은 편리하게! 나도 정리 전문가'라는 강좌명으로 강의를 처음 제안했을 때 여성인력개발센터 담당자는 강의 개설을 망설였다. 물건 정리하는 것을 돈 내고 배울 사람이 많지 않을 것 같다는 이유였다. 그럼 일단 정규 과정을 개설하기 전에 특강을 해서 수강생들의 반응을 보면 어떻겠냐고 했다. 무료 특강이라는 말에 그럼 한 번 해 보고 수강생들의 반응에 따라 정규 과정을 개설하겠다는 약속을 어렵게 받아냈다. 우리나라에서는 살림하는 것을 돈 내고 배운다는 것이 와 닿지 않았을 때였기 때문에 수강생들이 모이지 않으면 어쩌나 내심 걱정됐다. 그런데 특강 당일, 담당자도 나도 놀라지 않을 수 없었다. 신청한 수강생과 신청하지 않고 바로 온 수강생이 너무 많아 강의실을 강당으로 옮겨야 할 지경이었다. 특강이 끝나고 정규 과정을 신청한 사람들이 많아 예상치 못하게 2개 반으로 늘려 동시에 개설하게 되었다. 생각보다 사람들이 정리에 스트레스를 많이 느끼고 있다는 걸 알 수 있었다.

정리는 노동이 아니다

왜 사람들은 정리 때문에 스트레스를 받고 정리를 해야 할 필요성을 느끼는 걸까? 물건을 잘 찾기 위해서, 난장판이 된 공간이 싫어서, 그것도 아니면 다른 사람들에게 보여주기 위해서? 정리를 하는 데는 여러 가지 이유가 있겠지만 중요한 것은 스스로 스트레스를 받지 않기 위해서이다. 사람의 몸이 편하고 사람의 마음이 편하기 위해서 정리를 하는 것이다. 그런데 만약 정리하면서 스트레스를 받는 사람이 있다면 잠시 정리하던 것을 멈추는 것이 좋다. 그리고 생각해 보자. 정리를 하면서 어떤 이유 때문에 스트레스를 받는지 고민해 보자. 정리는 노동이 아니라 즐거운 생활이다. 생활하면서 스트레스를 많이 받는다면 그것만큼 불행한 것도 없다. 생각을 정리하고 스트레스를 받지 않을 만큼부터 시작해 보자.

정리의 목적은 정리가 아니다

뒤죽박죽 정리가 안 된 공간에서 살고 있는 O씨는 주위 사람들로부터 "정리는 왜 안 하세요?"라는 질문을 종종 받고는 한다. 그러면 O씨는 "정리요? 왜 안 해 봤겠어요. 저도 해 봤어요. 그런데 저는 정말 정리가 너무 힘들더라고요"라고 답한다. 그런데 이렇게 말하는 O씨를 잘 살펴보면 물건을 위한 정리, 정리를 위한 정리를 했었다는 것을 알 수 있다. 자신이 어떻게 사용하는 게 편한지는 고려하지 않은 채 색깔별로, 크기별로 정리했던 것이다. 때문에 반듯하고 깨끗하게 정리는 되어 있지만 막상 쓰려고 보면 필요한 물건이 어디 있는지 몰라 한참을 찾아 헤매야 했고, 새로 물건을 하나 사려고 해도 그 물건을 어디에 두어야 할지 몰라서 갈팡질팡했던 것이다. 하지만 이렇게 O씨처럼 정리하는 것은 결코 바른 정리가 아니다. 정리의 목적은 정리가 아니기 때문이다. 정리의 목적은 사람이 편하게 사용하기 위함이다. 그런데 가끔 주위 사람들을 보면 오직 정리를 위해 정리하는 경우를 볼 수 있다. 그래서 각양각색 수납장이나 수납 도구를 사들이고 그 안에 물건들을 집어넣는 방식으로 정리를 하는 것이다. 물론 이렇게 정리할 경우에 보기에는 깨끗할 수 있다. 하지만 사용하는 사람이 편하지 않다면 결국은 수납 도구라는 짐만 하나 더 늘어나는 것에 불과하다. 뿐만 아니라 구입한 수납 도구나 수납함이 공간에 어울리지 않거나 길이가 맞지 않아 오히려 정리를 방해하는 경우도 있다. 예전과는 다르게 요즘 컨설팅을 위해 고객 집을 방문해 보면 정리수납을 전혀 하지 않은 것은 아니다. 고객 나름대로 열심히 정리를 하다가 결국 전문가에게 의뢰를 한 흔적을 볼 수 있다. 예를 들어 베란다에 가득 차 있는 수납용품이다. 책도 사서 읽어 보고 인터넷에서 정리하는 방법을 검색하여 열심히 시도는 했으나 잘 안 됐다는 것이다. 정리의 해답이 수납 도구는 아니다. 따라서 정리를 할 때는 보기 좋게 하는 것도 중요하지만 사용하기 편리하게 하는 것이 더 중요하다. 이때 수납 도구를 먼저 구입하는 것은 바람직하지 않다. 정리에 대한 전체적인 계획을 먼저 세운 다음에 어떤 수납 도구가 필요한 것인지를 정해야 하기 때문이다. 수납할 곳의 물품, 크기, 색상 등을 고려한 다음 수납 도구를 결정해야 한다.

정리하는 것 자체가 목적이 되어버리면 진정한 목적을 망각하게 된다. 정리용품을 사들이지만 이것이 정리할 물건만 늘리는 일이 될 수도 있다. 아무리 편리하고 신기한 수납 도구라고 하더라

수납용품 구입 순서 예시

1. 정리할 곳을 정한다.
   (예) "오늘은 냉장고를 정리할 것이다."

2. 정리할 곳의 레이아웃을 정한다.
   (예) "첫 번째 선반에는 유제품을, 두 번째 선반에는 매일 먹는 반찬을, 문짝에는 소스를 넣겠다."

3. 물건을 분류한다.
   (예) "냉장고에서 보관 기간이 지난 음식물은 빼고 같은 종류의 음식물끼리 묶어서 정리할 것이다."

3. 정리할 곳의 길이를 잰 다음 수납함이 몇 개나 필요한지를 생각해 본다.
   (예) "냉장고의 폭은 45cm, 깊이는 70cm인데 정리할 음식물은 한 칸에 3개니까 수납함은 3개가 필요하겠다."

4. 필요한 수납함을 재활용품으로 만들어 사용한다.
   (예) "페트병을 이용해서 곡물을 담고 우유갑을 이용하여 양념통을 담을 상자를 만들어야겠다."

도 내가 사용하기 불편하고 내 공간에 어울리지 않으면 결국에는 무용지물일 뿐이다. '깔끔하게 정리해 드립니다'라는 수납 도구의 함정에 빠져서 정리의 목적이 무엇인지를 잊어서는 안 될 것이다.

머릿속을 청소해야 정리다

정리란 머릿속을 청소하고 동시에 마음속을 정화시키는 것이다. '저는 정말 정리수납을 잘 못하겠어요'라고 하면서 찾아오는 사람을 보면 정리수납 방법을 모르는 사람도 있지만 생각의 정리가 잘 안 되는 사람도 있다. 생각 정리는 결국 머릿속 정리이다. 그렇다면 어떻게 해야 머릿속 정리를 잘할 수 있을까? 가장 중요한 것을 스스로에게 질문을 던져 보는 것이다. "나에게 이것이 꼭 필요한가?" 나에게 왜 이것이 필요한지, 내가 이것을 꼭 해야 하는 이유가 무엇인지를 물어보고 답이 확실하다면 생각이 정리된다. 괜히 불필요하게 머릿속에 담아둘 필요가 없는 것은 버리면 되기 때문이다. 예를 들어 머릿속에 '아이 학원 옮기는 문제, 새 신발을 사야 할 일, 회사 문제로 조언을 얻을 사람에게 전화하는 일' 등이 섞여 있다면 일의 우선순위도 잡히지 않고 머릿속만 뒤죽박죽이 된다. 이럴 때에는 "아이 학원을 꼭 옮겨야 하는가?", "새 신발을 꼭 사야 하는가?", "회사 문제에 대해 꼭 조언을 구해야 하는

가?"라고 질문을 스스로에게 던져 보면 된다. 이렇게 질문을 던지고 답을 하나씩 생각하다 보면 꼭 필요한 일과 그렇지 않은 일로 머릿속 문제들이 나누어진다. 내 질문에 대답만 할 수 있다면 머릿속은 한결 깔끔해진다. 먼저 해야 할 일과 나중에 해야 할 일, 지금 해야 할 일과 하지 않아도 될 일이 구분되기 때문이다. 오랜만에 만난 친구에게 어떻게 지냈냐고 물어보면 너무 바쁘게 지냈다고 한다. 무엇 때문에 그렇게 바빴냐고 다시 물어보면 하는 일 없이 바빴다고 대답한다. 일상생활에서 흔히 주고받는 대화이다. 앞뒤가 맞지 않는 말이다. 한 일이 없었다면 한가했어야 하고, 바빴다면 한 일이 있어야 하는데 말이다. 가끔 우리는 내가 무엇을 하며 살고 있는지, 어떻게 하루를 지냈는지도 모른 채 살아가고 있는 것 같다. 바쁘다는 핑계로 머릿속만 너무 복잡하다. 지금부터 나의 머릿속을 정리해 보자.

이렇게 머릿속 생각 정리를 잘하는 사람은 물건의 정리도 손쉽게 할 수 있다. 머릿속 생각처럼 물건들도 우선순위를 매겨 정리하면 되기 때문이다. 꼭 필요한 물건과 그렇지 않은 물건으로 어렵지 않게 나눌 수 있고, 비슷한 물건끼리는 잘 묶을 수도 있다. 그리고 자기 자신이 사용하기 쉽도록 정리하는 것도 어렵지 않게 할 수 있다.

또한 물건 정리를 잘하는 사람은 일정 관리도 잘하고 시간 관리도 잘한다. 미국의 정치가이자 외교관이며 과학자였던 벤자민 프랭클린은 일정이나 시간을 관리하는 데 철저했던 인물로 알려져 있다. 그는 22살이 되던 해에 스스로 '내 인생에서 가장 우선순위에 있는 일은 무엇인가'를 고민했고, 인생을 살아갈 때 필요한 가치관을 세웠다. 그중에 일부가 '질서, 물건은 제자리에 놓는다, 예정된 일은 시간을 지킨다'이다. 이처럼 물건 정리와 시간 관리를 우선시했던 프랭클린은 정규 교육은 고작 2년 남짓밖에 받지 못

> **TIP**
>
> **물건 정리, 시간 관리를 중요시한 벤저민 프랭클린의 가치관**
>
> **절제** 폭음이나 폭식을 하지 않는다.
> **침묵** 쓸데없는 대화를 피한다.
> **질서** 물건은 제자리에 놓는다. 예정된 일은 시간을 지킨다.
> **결단** 해야 할 일은 꼭 끝낸다. 결심한 일은 실수 없이 마무리한다.
> **절약** 비싼 것은 사지 않는다. 낭비를 하지 않는다.
> **성실** 남을 해치는 책략을 사용하지 않는다. 편견을 버리고 공정하게 생각한다. 말을 해야 할 경우도 마찬가지이다.
> **정의** 남의 권리를 침해하거나 당연히 해야 할 바를 하지 않아 남에게 손해를 입히지 않는다.
> **중용** 극단은 피한다. 상대가 부당하게 대한다고 해서 굳이 그만큼 손해를 입히지 않는다.
> **청결** 몸, 옷, 집이 불결한 것은 절대 용납하지 않는다.
> **평정** 사소한 일, 우연이나 어쩔 수 없는 일에 화를 내지 않는다.
> **순결** 몸이 약해질 정도로 빠지거나 자신이나 다른 사람의 평화나 평판에 해가 되도록 하지 않는다.
> **겸손** 예수와 소크라테스를 본받는다.

했지만 자신의 인생을 충실히 살았기 때문에 미국 지폐에 얼굴을 남길 정도로 존경받는 인물이 되었다. 그는 "인생을 사랑한다면 시간을 낭비하지 마라. 왜냐하면 인생이란 시간 그 자체이기 때문이다"라는 명언을 남길 정도로 시간을 아껴서 잘 관리했던 인물이었다.

마음속을 정화해야 정리다

집집마다 이불장을 열어 보면 아직도 간직하고 있는 이불이 있다. 결혼할 때 해온 원앙금침이 바로 그것이다. 10년, 20년은 기본이고 50년 넘게 사용하지도 않으면서 보관하고 있는 가정도 많다. 30년차 주부 H씨도 이불장을 열 때마다 마음이 부글부글 끓어오른다. 이불장의 절반을 채우고 있는 두꺼운 이불 세트 때문이다. 이 이불 세트는 30년 전 H씨가 결혼할 때 예단으로 해 가지고 온 것으로 당시 꽤 많은 돈을 주고 무리해서 어머니가 마련해준 것이다. 그런데 비싸게 주고 산 것이라 아까워서 사실 몇 번 쓰지도 않고 넣어만 두고 있었다. 하지만 목화솜이 잔뜩 들어 있어서 무겁기도 하고 햇볕 좋은 날은 이불을 말려야 하는 수고도 종종 해야 하는 골칫거리 중 하나이다. 이런 물건과는 아깝더라도 이별하는 게 좋다. 그래야 마음이 편하기 때문이다. H씨처럼 이불 세트를 볼 때마다 '아이고, 저거……'라고 한숨이 나온다면 그건 가지고 있는 것이 오히려 손해이다. 물론 비싸게 마련한 것을 버리는 게 아까울 수도 있고, 어머니가 해준 것이라 차마 버리기 쉽지 않을 수도 있다. 하지만 버리고 나면 오히려 홀가분한 마음이 들고 마음이 편해지는 것을 경험할 것이다. 어머니에게 죄송스럽더라도 자주 전화해드리고 찾아뵙는 것으로 죄책감을 덜어버리고 정리해야 한다. 마음을 정화하는 데 정리만 한 일이 없기 때문이다. 정화란 불순하거나 더러운 것을 깨끗하게 하는 것을 말한다. 마음이 복잡하고 싱숭생숭할 때 주변의 물건을 정리하면 훨씬 마음이 편안해지는 것을 한 번쯤 경험해 본 적이 있을 것이다. 인도의 불교 우화를 모은 책《백유경》을 보면 이웃의 식사에 초대받은 한 손님의 이야기가 나온다. 손님이 음식을 먹다가 싱겁다고 하자 주인은 소금을 조금 넣어주었다. 이것을 맛있게 먹은 손님은 조금만 넣어도 맛있는 소금을 더 많이 넣으면 더 맛있어질 것 같아 소금을 더 많이 넣었다. 하지만 결국 음식은 맛이 없어졌고 지나치게 짜게 먹은 손님은 병만 나게 되었다고 한다. 이 이야기처럼 물건을 더 많이 가진다고 해서 마음이 편하거나 행복한 것은 아니다. 오히려 딱 필요한 만큼만 갖고 사용하기 쉽도록 잘 정리해 놓는다면 기분은 더 상쾌해질 것이다.

정리를 할 때는 크게 해야 할 것을 3가지로 나눌 수 있다. 물건 정리, 시간 및 일정 정리, 인맥 정리가 그것이다. 첫 번째 물건 정리는 '버리고 → 채우고 → 나누는' 순서로 정리하면 된다. 내가 가진 물건 중에서 필요 없거나 의미 없는 물건은 버리고, 가지고 있는 물건들을 사용하기 편하도록 바르게 채우고, 버릴 물건들은 필요한 사람에게 나누는 순서로 정리하면 되는 것이다. 두 번째 시간과 일정 정리는 먼저 큰 그림을 그리는 것으로 시작하면 손쉽게 접근할 수 있다. 예를 들어 앞으로 10년 동안 할 일과 계획을 써보고, 올해 할 일과 계획, 이번 달에 할 일과 계획, 이번 주에 할 일과 계획, 오늘 할 일과 계획의 순서로 접근하면 되는 것이다. 세 번째 인맥 정리의 시작은 휴대폰의 전화번호부를 정리하는 것이다. 전화번호부에 많은 번호들이 저장되어 있는데 이 중에는 몇 년 동안 한 번도 전화를 하지 않은 번호도 허다하다. 몇백 개의 번호가 있다고 해서 그 사람들 모두와 가까이 지낸다고 할 수는 없는 일이다. 전화번호부를 나만의 기준으로 분류하여 저장하면서 간추리는 작업을 해야 한다. 예를 들어 가족, 친구, 직장동료, 거래처 등으로 그룹을 나누어 저장하면 인맥 관리에 도움이 된다. 물건도, 시간도, 인맥도 같거나 비슷한 것끼리 분류하면 관리가 편하다. 물건을 정리하려면 시간을 내야 하고, 인맥 정리가 잘 되어 있으면 정리하다 나온 물건을 나누기도 쉬워진다. 이렇게 물건을 정리하고 시간과 일정을 정리하고 인맥을 정리하고 나면 복잡하고 어지러웠던 마음이 한결 가라앉는 것을 느낄 수 있을 것이다. 더러운 공기를 깨끗이 정화하기 위해서 공기청정기를 틀듯이 어지럽혀진 마음속을 깨끗이 정화하기 위해 정리라는 아이템을 사용해 보자. 주위가 정리되고, 마음속이 정리되고, 일정이 정리되고, 해야 할 일이 정리가 되면 마음도 편안해짐을 느낄 수 있다.

02

정리에는 단계와 원칙이 있다

물이 끓지도 않았는데 국수를 삶거나 프라이팬이 달궈지지도 않았는데 고기를 올려 놓는다면 요리의 참맛을 보기 어렵다. 이처럼 음식을 만드는 데도 지켜야 할 순서가 있다. 정리도 마찬가지다. 정리에도 순서가 있다. 이것은 다른 말로 하면 단계와 원칙이다. 정리가 잘 안 되어서 고민하는 사람이라면 누구보다 이 단계와 원칙에 주의를 기울여야 한다. 단계와 원칙은 이미 정리를 잘해 본 사람들이 알려주는 지름길이기 때문이다.

5단계로 정리한다

멀리뛰기를 잘하려면 큰 보폭으로 잘 뛰어와서 구름판을 힘차게 디딘 다음, 몸을 앞으로 쭉 밀며 다리를 끌어당겨야 한다. 그래야 최대한 멀리 뛸 수 있다. 이렇게 멀리뛰기를 할 때도 각각의 단계가 있는 것처럼 정리수납을 할 때에도 단계를 정하는 것이 효과적이다. 그래야 쉽고 효율적으로 할 수 있다.

1단계	기준 정하기
2단계	분류하기
3단계	장소 정하기
4단계	방법 정하기
5단계	수납하기

크게 구분해 보면 이 5단계 중에서 1, 2단계는 정리의 단계이며 3, 4, 5단계는 수납의 단계로 구분할 수 있다. 정리의 단계에서는 기준을 정해 분류를 한 다음 필요하지 않은 물건은 버리고, 필요한 물건은 채운다. 수납의 단계는 수납할 장소와 방법을 정해 바르게 수납을 하고 유지하는 단계로 보면 된다.

먼저 정리와 수납의 1단계는 '기준을 정하는 것'이다. 어떤 기준으로 물건을 정리할지를 결정하는 단계라 할 수 있다. 예를 들어 '2년 동안 한 번도 입지 않은 옷은 버린다', '보관 기간이 지난 음식물은 버린다', '발이 불편한 신발은 버린다'는 식으로 정리할 물건에 나름의 기준을 정하는 것이다. 물론 이 기준은 정리하는 사람마다 충분히 달라질 수 있다.

정리하고 수납하는 2단계는 '분류하는 것'이다. 사용할 것과 버릴 것을 분류하는 단계로 이 단계에서 분류를 잘하지 않으면 정리 수납 자체가 어려워질 수 있으므로 과감하지만 신중하게 분류해야 한다. 1단계에 세운 기준에 따라 사용할 것과 버릴 것을 나누는 단계인데, 정리를 하다 보면 버려야 할지 말아야 할지 몰라서 아리송한 물건들도 나오게 마련이다. 이럴 때는 그 물건에만 매달려 있으면 안 된다. 그 물건은 가장 마지막에 정리하기로 하고 다른 물건 먼저 정리해 보자. 그러면 정리하는 시간을 훨씬 줄일 수 있다. 분류 단계에서 시간을 좀 더 줄이고 싶다면 사용할 것과 버릴 것을 구분하면서 동시에 수납을 위한 분류도 함께하면 된다. 같은 종류끼리, 비슷한 종류끼리 분류해 놓으면 수납을 더 쉽고 빠르게 진행할 수 있다.

이어지는 3단계는 '장소를 정하는 것'으로 우리는 흔히 물건에게 집을 만들어준다고 표현한다. 옷은 옷장, 신발은 신발장과 같이 쉽게 정할 수 있는 물건이 있는 반면 '캠핑 코펠', '돗자리', '교자상', '빗자루'와 같이 자주 쓰지는 않지만 기준에 따라 사용할 것으로 분류된 물건들은 수납할 장소를 잘 정해야 한다. 그러지 않으면 다음에 찾아 쓸 때 힘들 수 있기 때문이다. 일반적으로 수납 창고가 따로 없는 상황이라면 청소 도구는 현관의 신발장, 캠핑 도구는 앞 베란다의 창고에 함께 보관하는 게 좋다.

정리와 수납의 4단계는 '방법을 정하는 것'인데, 이 단계에서는 수납의 방법을 정해야 한다. 옷은 옷걸이에 걸어서 수납할 것인지

차곡차곡 개어서 수납할 것인지와 같이 말이다. 특히 이 단계에서 수납을 할 때는 세워서 하는 세로 수납이 좋다. 예를 들어 옷도 가로로 눕혀서 넣지 말고 도톰하게 개어 세워서 보관하면 새로 입을 때도 찾기 쉽고 꺼내기 쉽게 마련이다. 쌓기와 세로 수납의 차이점은 이런 것이다. 수건과 같이 용도가 같을 때는 겹쳐서 쌓아도 상관이 없다. 왜냐하면 수건은 위에 놓여 있는 것부터 사용하기 때문이다. 반면 옷장 서랍의 티셔츠들은 상황이 다르다. 색깔과 디자인이 다른 열 장의 티셔츠를 세탁 후 예쁘게 개어서 서랍에 겹쳐 쌓기를 했다고 하자. 외출하려고 서랍을 열고 티셔츠를 입으려고 하는데 오늘은 왠지 다섯 번째 파란색 티셔츠를 입고 싶다면 어떻게 꺼내겠는가? 아이도, 남편도 아무 생각 없이 파란색 티셔츠를 휙 잡아 뺄 것이다. 티셔츠를 개고 넣고 하는데 시간이 걸렸겠지만 휙 하고 잡아 빼는 데는 1초도 걸리지 않는다. 수납의 형태가 유지되지 않는다는 것이다. 이럴 경우에는 겹쳐 쌓기를 하기보다는 세로로 세워 보관하는 것이 좋다. 식기장의 접시도 마찬가지다. 큰 것, 중간 것, 작은 것으로 쌓기보다는 접시꽂이를 활용해 크기별로 세로로 세워 수납하면 사용하기 편리하다.

끝으로 정리하고 수납하는 5단계는 '수납하는 것'으로 마무리 단계에 해당한다. 물건에게 각자에 맞는 제자리를 찾아주는 것이다. 수납을 할 때는 보기 좋게 하는 것도 중요하지만 물건들을 잘 찾기 쉽게 정리하는 게 더 중요하다. 결국 수납은 사용하는 사람이 편리하게 사용하기 위한 것이기 때문이다.

5원칙에 따라 정리한다

"정리할 때는 내 공간을 먼저 해야 해요. 그러지 않으면 정리에 익숙하지 않은 다른 가족들이 화를 내는 경우가 있습니다"라고 말하는 사람도 있고, "정리는 하루에 조금씩 시간을 내어서 하는 게 바람직해요. 안 그러면 정리라는 게 힘들고 어려운 일이라는 생각이 들어 포기하기 쉬워요"라고 말하는 사람도 있다. 이렇게 정리수납의 전문가들마다 의견이 있는데, 이 중에는 정리에도 원칙이 있어야 한다는 공통된 의견이 있다. 그렇지 않으면 중간에 그만두거나 정리를 해도 만족하지 못하는 경우가 충분히 생길 수 있기 때문이다.

정리를 잘하고 수납을 잘하려면 크게 5가지 원칙이 있다. 정답은 없지만 오랜 정리 경험에 따르면 이 5가지 원칙에 따라 정리를 하면 적어도 '정리=힘든 일'로 느껴지지는 않는다. 정리를 할 때 머릿속에 담고 있으면 좋을 5가지 원칙을 알아보자.

첫 번째 원칙은 정리할 때는 한번에 정리하려고 하지 않아야 한다는 것이다. "그래, 오늘 정리를 모조리 끝내버릴 테야!"라고 야심차게 팔을 걷어붙인다고 해도 얼마 지나지 않아 지쳐서 두 손

두 발을 들게 된다. 꼭 대청소를 날 잡아 놓고 하는 경우와 같다. 사실 보통 가정이라 해도 그 짐은 어마어마하다. 이사할 때 보면 5톤 트럭으로도 모자라는 원인이 바로 우리 집을 채우고 있는 물건들이다. 그런데 이 물건들을 하루에 모조리 정리하려고 한다면 그건 정말 힘든 일이 아닐 수 없다. 이렇게 되면 '아, 정리란 정말 힘들고 괴로운 거구나. 나는 못해. 나는 아예 시작도 하지 말아야지'라는 부정적인 마음을 갖게 되어 점점 더 정리수납과는 멀어질 수밖에 없다.

　시스템 정리수납 컨설팅 서비스를 할 때 30평 아파트에 4인 가족 기준으로 정리수납 전문가 7~8명 정도가 9시간가량 작업을 한다. 전문가도 아닌 개인이 하루에, 한번에 정리를 한다는 것은 불가능한 일이다. 한번에 전체를 정리해내려고 하지 말고 시간과 체력 그리고 개인의 판단력을 고려하여 화장대 서랍 첫 칸부터 시작해 보기를 권한다.

　이와 마찬가지로 두 번째 원칙은 처음부터 완벽하게 하려고 하지 않는다는 것이다. 더 이상 손 댈 곳 없이 너무 완벽하게 정리하려고 하다 보면 속도도 나지 않고 재미도 없을 뿐 아니라 시작하기도 전에 마음의 부담이 먼저 나를 힘들게 한다. 그러면 결국 쉽게 지치고 만다. 내가 완벽한 정리 전문가가 아닌데 어떻게 처음부터 완벽하게 할 수 있겠는가. 마음의 여유를 가지고 시작해 보자. 정리를 하다 보면 점점 더 요령도 생기고 또 새로운 아이디어도 생기게 마련이다. 따라서 계속 조금씩 편한 방향으로 고쳐서 하는 것도 나쁘지 않다. 그러니 처음부터 너무 완벽하게 정리하려고 하지 않아도 된다.

   정리와 수납의 세 번째 원칙은 내 물건부터 정리하는 것이다. 아무리 같은 공간을 쓰고 있는 가족이고 동료라 할지라도 100% 그 사람에 대해서는 알 수가 없다. 당연히 그 사람의 물건에 대해서도 마찬가지이다. 따라서 물건을 정리할 때는 다른 사람의 물건을 정리하는 일이 자신의 것을 하는 것보다 몇 배나 어렵다. 물건의 가치나 기준을 세울 수 없기 때문이다. 이런 경우가 있었다. 정리수납 강의를 열심히 들은 수강생이 다음 수업 때 오더니 대학생 딸하고 대판 싸웠다는 것이다. 이유를 물으니 지난주 옷장 정리수납을 배우고 집에 가서 내 것보다는 딸의 옷장 정리가 더 필요할 것 같아 하루 종일 정리해줬는데 딸이 누가 마음대로 자기 물건에 손을 댔냐며 화를 냈다는 것이다. 힘들게 정리해준 보람도 없이 딸에게 상처받고 사이만 멀어져 속상하다고 했다. 사람은 오래된 것에 익숙해져 있기 마련이다. 아무리 좋은 것이라도 본인이 필요할 때 해주는 것만큼의 효과를 보기는 어렵다. 내 물건부터 정리하고 그것이 편리하다고 스스로 느껴 상대방이 내 것도 정리해달라고 요청할 때 그때 해주면 된다. 자신의 물건부터 먼저 정리하는 것이 정리와 수납의 세 번째 원칙이다. 가정에서의 교육은 가르치거나 해주는 것이 아니라 보여주는 것이기 때문이다.

이어지는 네 번째 원칙은 정리하기 전에 수납용품을 구입하지 않는다는 것이다. 정리를 깔끔하게 잘해 보겠다는 생각에 사용하기 편하다는 각종 수납용품을 구입하는 경우가 있다. 하지만 수납할 물건이나 장소에 맞지 않아 오히려 빛 좋은 개살구가 될 수 있음을 유념해야 한다. 수납할 곳이나 물건 등을 다 결정한 다음 크기나 재질에 맞게 수납용품을 구입하는 것이 바람직하다.

다섯 번째 원칙으로는 물건을 잘 구분할 수 있어야 한다는 것이다. 이때 물건은 사용할 것과 사용하지 않는 것을 구분해야 한다. 사용할 것은 무엇이고 사용하지 않는 것은 무엇인지 구분해야 재활용할 것, 수리할 것, 버릴 것 등을 정확하게 구분할 수 있다. 명확하게 구분해야 마음 홀가분하게 버릴 수 있는 물건들이 생기고 버릴까 말까 고민하는 물건들이 적어진다.

이상 5가지가 정리와 수납을 원활하게 해주는 원칙들이다. 정리 방법은 달라질 수 있지만 원칙을 지켜서 하면 정리를 해 놓고 나서도 만족도가 높다. 정리수납을 함에 있어서 보상은 매우 중요하다. 정리수납 후 나에게 주어지는 가장 큰 보상은 나도 할 수 있다는 자신감이다. 그러기 위해서는 원칙을 고려한 정리수납이 필요하다.

TIP

초보자를 위한 정리수납 가이드

1. 영역 정하기

    정리하고 수납하는 데에는 시간, 체력, 판단력이 필요하다. 정리할 영역을 정해서 집중하여 정리하고 수납해야 한다. 밤늦게까지 잠도 자지 않고 정리를 하게 되면 누구나 지칠 수밖에 없다.

    (예)

정리 영역	부엌
정리하고 싶은 물건	안 쓰는 그릇
정리 시간	오후 2시~4시

2. 버리는 기준 정하기

    버리는 기준은 각자 나름의 규칙에 맞게 정한다. 다른 사람의 규칙을 참고하는 것도 중요하지만 자기만의 규칙을 세워 두는 것이 중요하다.
    (예) 3년 이상 입지 않은 옷은 버린다. 발이 아파서 신지 않는 신발은 버린다.

3. 분류하기

    품목별, 용도별, 사용자별, 계절별 구분
    품목별 분류는 대분류, 중분류, 소분류 구분

4. 수납의 총량은 80%

    물건이 들어가고 나가는 공간이 필요하다. 100% 채워진 공간은 넣을 수도 꺼낼 수도 없기 때문에 물건이 들어가고 나갈 수 있는 길을 만들어 놓는다.

5. 편리한 수납 방법

    물건을 사용하는 사람의 연령, 습관에 맞는 수납 방법을 선택하고 한번에 물건을 꺼내고 넣기 쉽게 한다.

03 정리는 습관이다

정리는 사실 귀찮은 일일 수도 있다. 시간도 내야 하고 힘도 써야 하기 때문에 그냥 그대로 살고 싶은 마음이 들 때도 있다. 하지만 한 번이라도 잘 정리된 공간에서 생활해 본 사람은 왜 정리가 필요한지 알 수 있을 것이다. 정리를 마법이라고 하는 사람도 있다. 그만큼 놀라운 효력이 있다는 말일 것이다. 하지만 정리는 마법이 아니라 습관이다. 하루아침에 호박이 마차로 변하거나 개구리가 왕자로 변하는 마법과는 다르다. 정리란 처음에는 어설프지만 차츰 차츰 내 손에 익숙해지고 내 몸에 배게 되면 아침에 일어나 양치를 하듯 습관이 되는 것이다. 습관이라는 글자는 익힐 습(習), 익숙할 관(慣)을 쓴다. 어린 새가 날갯짓을 연습하듯 매일 반복하여 마음에 꿰인 듯 익숙해진 것이라는 뜻이다. 알에서 부화하여 새가 날 수 있으려면 1,000번 이상의 날갯짓을 해야 가능하다고 한다. 정리수납도 마찬가지다. 급하게 생각하지 말고 평생 일상적으로 하는 것이라 생각하자.

정리하면 마음이 가벼워진다

"얘야, 네 방 정리 좀 해."

"아이 귀찮은데……."

흔히 있을 법한 부모와 자식 간의 실랑이다. 하지만 이런 실랑이 끝에라도 깨끗하게 잘 정리를 했다면, 그래서 잘 정리된 방을 보게 된다면 마음이 한결 개운할 것 같다. 이처럼 한바탕 대청소를 하고 나서 기분이 좋아지는 것은 누구나 한 번쯤은 경험한 일일 것이다. 정리에는 우리의 마음과 기분까지도 변하게 만드는 힘이 있다.

예를 들어 어수선하고 지저분한 주방이 아니라 잘 정리되고 깨끗해진 주방에 가서 음식을 만든다고 생각해 보자. 그러면 왠지 우리 가족들을 위해 더욱 정성스럽게 음식을 만들어야 할 것 같은 기분이 든다. 음식을 만들 때도 왠지 요리가 더 잘 되는 것 같은 느낌이 든다. 공부를 하는 학생들도 마찬가지이다. 정리가 제대로 된 책상에 앉으면 공부를 더 열심히 하고 싶은 마음가짐이 생긴다. 이것이 바로 정리와 수납의 마법 같은 힘이다.

몇 년 전에 KBS 〈동행〉이라는 프로그램을 통해 정리가 안 된 가정에 정리수납 컨설팅을 지원해준 적이 있다. 엄마와 딸들이 살고 있는 집이었는데 엄마의 우울증으로 집이 쓰레기장을 방불케 할 정도의 상태였다. 15명의 전문가들이 12시간 정도 작업을 하고서야 집다운 집의 모습으로 변할 수 있었다. 정리 후 엄마는 다시는 집을 예전같이 만들지 않겠다고 다짐을 하였다. 그 후 1년이 지난 어느 날 나는 한 통의 전화를 받았다. 그때 그 어머니였다. 간단한 인사를 하고 무슨 일로 전화를 하셨는지 용건을 물었더니 지금 인천의 한 기관에서 정리수납 교육을 받고 있는 중이라고 했다. 정리하는 것이 습관이 되지 않다 보니 남이 해준 것만으로는 유지하기가 쉽지 않아 직접 정리수납을 배우게 됐다는 것이다. 생각지도 못했던 일이다. 왠지 그 말만으로도 가슴이 뭉클해졌다. 정리수납을 배우면서 생각도 긍정적으로 바뀌게 되고 우울증도 나아지는 것 같다면서 감사해했다. 어머니가 전화를 건 용건은 지금 정리수납 2급을 배우고 있는데 배우다 보니 1급 자격증까지 따고 싶다는 것이었다. 그런데 1급 교육을 받기 위한 비용이 부담된다고 했다. 걱정하지 말고 열심히 배우시라고 1급 교육비는 무료로 받을 수 있게 해드리겠다고 하고 전화를 끊었다. 그 후 어머니가 1급 자격증을 받지는 못한 것 같지만 그래도 본인 스스로 정리를 하려고 노력하는 것은 정리의 힘을 보았기 때문이라 생각하다.

  일부 사람들은 "에이, 정리하면 좋은 건 알겠는데 그렇다고 해서 그렇게 마법의 힘까지 있는 건 아닌 거 같은데요?"라고 하면서 고개를 갸웃거린다. 하지만 눈에 보이는 것과 보이지 않는 것은 연결되어 있고 정리에는 충분히 그럴 힘이 있다. 예를 들어 다른 사람 앞에서 당당하고 자신감 있게 보이고자 할 때 우리는 허리를 세우고 어깨를 펴고 시선은 정면으로 향한다. 이런 자세와 태도를 가지면 스스로도 당당해지는 것을 느낄 수 있기 때문이다. 이렇게 보이는 것과 보이지 않는 것은 연결되어 있다. 자세를 바꾸거나 눈에 보이는 것을 바꾸면 마음에 영향을 주는 것이다. 정리하는 과정도 이와 마찬가지다. 더 중요한 것을 위해 덜 중요한 것을 정리하고 덜어내면 스스로 하나에 집중할 수 있어서 기운이 넘치게 된다. 하나에 오롯이 마음을 쏟아서 다른 곳에 에너지를 뺏기지 않기 때문이다. 반대로 모든 것을 계속해서 가지고 있거나 머릿속에 담고 있으려 한다면 뒤죽박죽이 되기 쉽고 스스로도 지치게 된다. 결국 주변 환경을 정리하여 단순화함으로 머릿속과 생각이 정리되고 마음도 한결 가벼워질 수 있다. 때문에 일본의 유명 정리 컨설턴트인 곤도 마리에는 《인생이 빛나는 정리의 마법》에서 '방을 정리하고 나면, 하고 싶은 일을 찾게 된다', '정리만 잘해도 살이 빠진다', '정리를 하면 운이 좋아진다'고 말한다. 정리에는 인생을 극적으로 바꾸는 마법 효과가 있다고 주장하는 것이다. 실제로 이 책의 저자는 냉장고 정리를 하고 나서 살이 빠진 사례, 정리를 하고 나서 표정이 한결 달라진 사례 등을 예로 들고 있다. 정리라는 삭업은 이처럼 생각보다 우리에게 많은 영향을 주고 있는 것이다.

문제를 해결하는 정리

해야 할 일이 많고 힘들 때는 해결해야 할 문제별로 정리를 하는 것이 좋은 방법이다. 만약 수입과 지출에 대한 고민이 있거나, 건강을 위해 다이어트를 해야 한다거나, 시험 날짜가 멀지 않았는데 공부가 잘 안 되거나 할 때 각각의 문제 상황마다 정리가 좋은 해법이 될 수 있다.

먼저 수입과 지출이 고민될 때는 지갑 정리를 한다. 두툼해서 잘 닫히지도 않는 지갑을 막상 열어 보면 몇 달 지난 영수증, 이미 없어진 가게의 마일리지 카드, 잘 쓰지 않는 신용카드 등이 함께 들어 있는 것을 마주할 수 있다. 이럴 때는 지갑을 정리해 보자. 보관할 이유가 없는 영수증이나 이미 없어진 가게의 마일리지 카드라면 지갑에서 과감히 빼낸다. 그리고 지갑 속에서 잠자고 있는데 연회비만 내고 있는 신용카드라면 정리하는 김에 아예 없애는 것도 좋을 것이다. 한눈에 뭐가 들어 있는지 알 수 있도록 깔끔하게 정리된 지갑은 들어오는 돈과 나가는 돈을 손쉽게 알 수 있게 해 준다.

또한 다이어트를 해야 한다면 냉장고를 정리해 본다. 우리 집 냉장고에 어떤 음식이 많이 들어 있는지를 확인하고 목록을 작성해 보자. 살이 찌기 쉬운 음식과 재료들이 냉장고를 꽉 채우고 있지는 않은지 검토해 볼 필요가 있다. 그리고 보관 기간이 지난 것이 있다면 미련을 두지 말고 깨끗하게 빼내는 게 바람직하다. 냉장고에 어떤 음식이 들어 있는지 알 수 있고, 그 안에 들어 있는 음식들을 통제할 수 있다면 다이어트도 생각보다 힘든 일은 아닐 것이다. 내 몸의 다이어트보다 시급한 것은 우리 집 냉장고 다이어트일지 모른다.

그리고 공부하는 시간에 비해 공부가 잘 안 될 때는 공부하는 주위 환경이 잘못된 것은 아닌지 검토해 봐야 한다. 책상 위는 무엇보다 깔끔하게 정리하는 게 좋다. 책상 위에 인형이나 블록 같은 장난감이 있

▲ 정리된 책상

다거나 만화책과 같이 한눈을 팔 만한 물건이 있으면 공부를 하는 데 방해가 될 뿐이다. 책상 위에는 하루, 일주일 계획을 세우는 스케줄표와 필기도구, 시력을 보호해주는 스탠드, 지금 보고 있는 책 정도만 놓여 있는 것이 가장 좋다. 컴퓨터가 공부하는 데 도움이 될 수도 있지만 방해 요인이 더 크다고 느낀다면 책상과 분리해 놓는 것이 좋다. 그래야 지금 보고 있는 책에 가장 잘 집중할 수 있기 때문이다.

이렇듯 정리는 문제를 해결하는 또 다른 방법이기도 하다. 정리를 하면 환경이 깨끗해지고, 생활이 편해지고, 마음이 집중되고,

일의 효율성이 올라간다. 때문에 정리를 하는 게 조금 귀찮거나 시간이 걸리더라도 해 볼 만한 것이다. 이제부터 주변 환경을 단순화하는 정리를 시작해 보자.

인생을 변화시키는 정리

정리정돈을 했더니 회사 매출이 오르고, 청소를 했을 뿐인데 인생이 변했다고 하는 사람들의 이야기를 들어본 적이 있는가? 오케이아웃도어닷컴 장성덕 대표는 저서 《오케이아웃도어닷컴에 OK는 없다》에서 '모든 일의 시작은 정리정돈'이라고 주장한다. 이 회사의 직원들은 매일 아침 출근해 책상뿐 아니라 주변 공간까지 먼지 하나 없을 정도로 청소를 한다고 한다. 심지어 수만 가지가 넘는 상품들이 보관되어 있는 물류센터조차도 깔끔하게 정리되어 있을 정도다. 또한 그는 정리정돈이 업무 효율을 높이고 매출 증대에도 영향을 미친다고 말한다. 우리나라에도 잘 알려진 《청소력》의 저자 마쓰다 미쓰히로도 청소를 통해 성공한 사람 중 한 명이다. SBS스페셜 다큐멘터리 〈청소의 힘〉에도 소개되었다. 마쓰다 미쓰히로는 사업을 하던 중 부도로 실패를 하고 의욕을 잃은 채 방에서 꼼짝도 하지 않고 있었는데 난장판이 되어 있는 방을 보고 찾아온 친구가 청소를 하기 시작했다고 한다. 처음에는 대수롭지 않게 생각했는데 청소가 끝나고 나서 큰 깨달음을 얻었단다. 도저히 손을 댈 수도 없을 정도로 포기했던 지저분하고 더러운 방이 다시 깨끗한 공간으로 변하는 것을 보고 '나도 다시 부활할 수 있다'는 자신감이 생겼다고 한다. 그는 결국 청소 업체를 설립하고 청소의 힘을 전파하는 전도사가 되었다. 그의 인생은 많은 사람들이 허드렛일이라고 생각하는 청소를 통해 성공할 수 있었던 것이다.

2013년 9월 나는 평생 잊지 못할 상장을 받았다. 정리수납 수강생의 남편으로부터 받은 상장이었다. 정성이 담긴 손 편지 7장과 함께 받은 상장은 아직까지도 나에게 큰 힘이 되어주고 있다. 편지의 내용은 대략 이러했다. 아내가 약간의 우울증과 의욕 저하 증세를 보여 가정의 분위기가 좀 좋지 않았다고 한다. 그러던 어느 날 아내가 정리수납 교육을 받기 시작하면서 집안의 물건들이 정리되기 시작했고 단지 물건이 정리되었을 뿐인데 아내의 기분이 좋아지고 행복해졌다는 것이다. 그로 인해 아이들과 남편도 밝아졌단다. 그 후 아내가 정리수납 강사 자격증까지 취득하게 되었고 웃음치료 교육까지 받으면서 이제는 퇴근 후 빨리 집에 가고 싶은 생각까지 들게 되었다고 한다. 나를 한 번도 본적은 없지만 자기 가정이 변할 수 있도록 해준 것에 대한 보답을 하고 싶은데 방법이 딱히 떠오르지 않아 그 감사의 마음을 담아 상장을 준비했다는 것이다. 정리수납으로 사람의 마음과 가정을 변화시킬 수 있다는 것이야말로 가장 가치 있는 일이 아닐까 싶다. 내가 받은 그 어느 상장보다도 가치 있고 소중한 상장이다.

정리수납을 통한 가정 치료상

위 사람은 가정에서의 정리수납의 중요성을 깊이 인식하고 정리정돈된 아름다운 가정 만들기를 통한 가정의 화목에 온 힘을 다해 노력했습니다. 맞벌이 부부의 증가와 주부들의 가사노동 시간 부족으로 인해 가장 소중한 안식처인 가정에 정서적 황폐화가 가속화되고 있는 요즘, 정리수납 관련 자료 및 프로그램의 개발과 교육을 통해 정리수납의 중요성을 일깨우며, 정리수납 인재 발굴 및 정리수납 전문가 양성에 혼신의 정성을 쏟음으로 인하여 정리수납을 통한 가정의 치유와 회복에 크게 기여하였으므로 이 상장을 줍니다.

깨끗한 가정 만들기 아버지 연합 한국 대표

세 살 버릇 여든까지 간다

어릴 적부터 정리정돈을 잘하라고 어른들은 늘 강조한다. 정리정돈은 일상생활이고 스스로 가져야 할 생활 습관이기 때문이다. 그런데 이 습관이 제대로 형성되어 있지 않으면 늘 스트레스가 된다. 사실 정리하고 수납하는 것은 부모의 어깨 너머로 배우는 것이 대부분이다. '아, 엄마가 수건을 갤 때는 저렇게 착착 두 번 접는구나', '아빠가 책을 정리할 때는 종류별로 나누어서 정리하는구나' 하고 평소에 눈여겨보게 된다. 그러면 나중에 이런 정리와 수납의 방법이 자기도 모르게 나오는 것이다. 이것은 '세 살 버릇 여든까지 간다'는 우리 속담과도 딱 맞아 떨어지는 것이다. 정리 수납하는 습관이 어렸을 때 몸에 배이면 오랫동안 바뀌지 않기 때문이다. 또한 정리를 통한 질서는 아이들이 어렸을 때부터 몸에 익숙해지도록 가르쳐주면 큰 도움이 된다. 정리정돈하는 습관이 일찍부터 습관화되어 있지 않으면 자기 물건에 대해 애착심이 없어져서 자기 것을 잘 챙기지 못하고 자꾸 잃어버리거나 흘리고 다니는 아이가 될 뿐만 아니라 산만한 아이기 되기 쉽다. 그렇다고 아직 말도 못하는 어린 아이에게 정리와 정돈을 말로 가르치는 것은 옳지 않다. 아직은 말로 가르치거나 이해시키는 것은 어렵고 아기에게 뭘 시키는 것이 불가능하다. 따라서 이 시기에 정리정돈하는 습관을 가르치는 방법은 하나뿐이다. 엄마와 아빠가 생활 속에서 정리정돈하는 모습을 아이에게 자주 보여주는 것이다. 평소에도 늘 정리하는 모습을 자연스럽게 보여주면 아이는 '아, 이게 맞는 거구나' 하고 자연스럽게 눈과 머리에 담을 수 있게 된다. 아이가 점점 자라서 장난감을 가지고 놀 때가 되면 조금씩 정리하는 것을 함께 해 보는 것도 바람직하다. 예를 들어 아기가 장난감을 가지고 놀다가 젖 먹일 시간이 되거나 잠을 잘 시간이 되면 "우리 장난감을 이제 집에 데려다 주고 나서 젖 먹자!"라고 말하면서 아기가 보는 앞에서 장난감을 장난감 상자에 가져다 넣는 것이다. 뒷정리를 할 때도 그냥 치우기보다는 아기에게 "이 인형 치워도 되겠니?"라며 의견을 물어보면 좋다. 그리고 "곰돌이가 코~ 자고 싶대. 이제 집에 넣어주자. 야, 이렇게 치우니까 정말 깨끗하구나" 하면서 치우는 방법과 그 과정에서 생기는 변화, 느낌 등을 이야기한다. 이렇게 하면 아이는 엄마의 행동을 재미있는 놀이로 받아들이고 흉내를 내려고 하고 자연스럽게 습관으로 받아들이게 되는 것이다.

 아이가 더 크면 아이와 함께 정리할 공간을 만들어 보는 것도 좋은 방법이다. 어른이 생각할 때 편한 정리의 규칙과 아이가 생각할 때 편한 정리의 규칙은 다를 수 있기 때문이다. 어른은 악기는 악기끼리, 인형은 인형끼리 돼야 한다고 생각하지만 아이는 분홍색 장난감은 분홍색 장난감끼리 돼야 한다고 생각할 수도 있다. 아이가 자주 가지고 노는 장난감이 무엇인지, 아끼는 옷은 무엇인지 등을 잘 생각해 보고 아이와 함께 장난감이나 옷을 제자리에 두는 법, 사용하기 편하게 만드는 방법이 어떤 것인지 고민하다 보면 자연스럽게 아이도 정리하게 되고 이 습관은 오랫동안 아이의 삶을 지켜줄 수 있을 것이다.

> **TIP**
>
> ### 생활 속의 정리 교육
>
> 1. **정리정돈에 관한 동화책을 읽는다**
>   《세상에서 가장 깨끗한 집》, 《똥냄새 가족 깨끗이네 가다!》처럼 정리가 안 되어서 지저분한 집과 정리가 잘 되어 깨끗한 집을 함께 볼 수 있는 동화책을 읽어준다. 그리고 아이와 함께 정리정돈의 필요성에 대해 얘기해 본다.
>
> 2. **아이의 눈높이에 맞는 정리 수납함을 준비한다**
>   아이의 키와 체격에 맞는 정리 수납함이 필요하다. 아이의 손이 닿지 않는 곳에 있는 선반이라든지, 아이가 들기에는 너무 무거운 장난감 박스보다는 아이가 쉽게 이용할 수 있는 정리 수납함이 바람직하다. 그래야 아이도 손쉽게 정리할 수 있다.
>
> 3. **게임처럼 해 보는 정리수납 놀이를 한다**
>   아이와 함께 놀고 난 다음에 정리를 할 때는 "곰돌이 인형의 집은 어디일까?", "블록들이 집에 가고 싶다는데 블록 집은 어디야?"하는 식으로 놀이처럼 정리를 유도한다. 그러면 아이는 신이 나서 정리하는 기쁨을 느낄 수 있을 것이다. 이런 놀이를 통해 정리란 재미없고 지루한 것이 아니라 즐거운 것이라는 생각을 갖게 된다.

04

정리,
직업이 되다

일본 NTV 드라마 〈인생이 두근거리는 정리의 마법〉의 여주인공은 특이한 직업을 가지고 있다. 바로 '정리수납 전문가'이다. 시간이 없거나 정리를 못하는 사람들에게 물건의 제자리를 찾아주고 공간을 효율적으로 활용하는 방법을 제안해주는 것에서부터 바쁜 일상을 점검하고 생활의 질서를 잡아주는 역할까지 맡아 하는 직업이다. '어! 이런 직업도 있어?'라고 신기해하는 사람들도 있다. 음식을 잘하는 사람은 요리사가 되고, 집을 잘 짓는 사람은 건축가가 되고, 글을 잘 쓰는 사람은 작가가 되는 것처럼 정리를 잘하는 사람은 이러한 장점을 살려 자신의 직업으로 삼을 수 있다. 정리를 잘하는 것은 충분히 의미 있는 일이고, 잘하는 법을 다른 사람에게 가르쳐줄 수 있는 일이며, 전문성을 살릴 수 있는 일이기 때문이다. '내 삶을 정리하고 직업을 만들어라!' 다시 말해 정리만 잘해도 직업이 생길 수 있다는 것이다.

공간은 생기는 것이 아니라 만드는 것

　같은 재료를 가지고도 맛있게 먹을 수 있는 음식을 뚝딱 만들어 내는 사람이 있는 반면 그러지 못하는 사람도 있다. 마찬가지로 같은 크기의 집이라고 해도 공간을 쓸모 있게 이용하면서 넓게 사용하는 사람이 있는 반면, 늘 물건을 둘 데가 없어서 쩔쩔매며 사는 사람도 있다. 이처럼 정리란 잘하는 사람도 있고 못하는 사람도 있게 마련이다. 다시 말해 공간을 잘 이용하는 사람도 있고, 그러지 못하는 사람도 있다. 이렇게 공간을 잘 이용하는 사람들의 경우 공간 지각 능력이 뛰어난 것을 알 수 있다. 공간 지각 능력은 상하·좌우·전후의 공간 관계를 감각을 통해 파악하는 능력을 말한다. 일반적으로 우리가 생활하고 있는 공간은 상하·좌우·전후로 이루어져 있는데 이 공간 사이의 관계나 공간의 위치를 감각을 통해 파악하는 능력이 뛰어날 경우 공간을 잘 활용할 수 있다.

　이렇게 공간을 이해하는 공간 지각 능력이 뛰어난 사람들은 같은 공간이라도 훨씬 효율적으로 이용한다. 소위 말하는 죽은 공간인 데드 스페이스가 없도록 이용하는 것이다. 예를 들어 안방의 옷장과 벽 사이에 자투리 공간이 있다면 그 공간에 맞는 수납장을 넣어 활용하는 것이다. 또는 침대 밑 공간을 이용해서 다른 계절 옷을 보관하거나 아이가 잘 가지고 놀지 않는 장난감을 보관할 수 있다. 만약 실내에 계단이 있는 집이라면 계단 아래에 아이 놀이

방을 만들어주는 것도 좋고, 베란다도 적극적으로 활용해 실내 정원이나 스터디룸 등으로 활용할 수 있다.

이처럼 공간은 사용하는 사람에 따라 50%, 100%, 200%로 활용된다. 공간은 생기는 것이 아니라 만들어 내는 것이기 때문이다. 같은 면적의 공간이라고 해도 바닥에 '주욱~' 물건들을 늘어놓는 경우와 선반이나 행거 등을 이용해서 물건을 높낮이 있게 배치하는 경우는 그 차이가 크다. 공간을 훨씬 다채롭게 이용한 덕분에 수납할 곳은 많아지고 생활은 훨씬 편해진 것이다.

정리에도 전문가가 있다

어떤 분야를 연구하거나 그 일에 종사하여 그 분야에 상당한 지식과 경험을 가진 사람을 가리켜 전문가라고 한다. 심리학자인 브랜스포드는 '전문가는 어떤 한 영역에 관해 굉장히 많은 지식을 가지고 있으며 이 내용을 잘 이해하고 있는 사람'이라고 명명했다. 이처럼 전문가는 그 분야에 대해 잘 알고 있는 사람이다. 정리 역시 마찬가지이다.

이들을 가리켜 '정리수납 전문가'라고 부르는데, 이들은 쾌적하고 효율적인 공간을 위해 물건과 공간의 정리를 돕는다. 공간을 어떻게 관리할지, 시간을 어떻게 관리할지에 대해 상담해줄 수 있으며, 편리한 생활을 도와주기도 한다. 뿐만 아니라 정리와 수납에 관한 유용한 정보를 제공해주기도 한다. 따라서 정리수납 전문가는 정리와 수납을 통해 고객을 만족시키는 사람이라 할 수 있다.

　정리수납 전문가가 되려고 한다면 반드시 생각해야 할 것이 있다. 물건을 위한 정리가 아니라 공간과 물건을 사용할 사람을 위한 정리를 해야 한다는 것이다. 정리수납을 하기 전에 가족 구성원의 생활 패턴, 취향, 특성 등을 고려해야 하며 서비스를 제공할 때도 공간을 이용할 사람의 상태가 어떤지, 만족하고 있는지를 끊임없이 살펴야 한다. 정리해 놓고 "와, 나는 정말 너무 깔끔하게 정리를 잘하는 것 같아" 하면서 나만 뿌듯해서는 진정한 전문가라고 할 수 없다.

　우리나라에서는 아직 생소한 직업이라 느끼는 사람들도 있겠지만 미국에서는 1980년대부터 미국정리전문가협회가(NAPO) 설립되었고 유럽과 일본에서도 이미 오래전부터 일반화된 직업으로 전문가들이 활동하고 있다. 캐나다 법인의 대표로 재직 중 정리수납 전문가라는 직업을 처음 접했을 때 이게 바로 나의 노후 대책을 세워줄 직업이구나 싶었다. 그때부터 나는 정리수납에 관심을 갖게 되었다. 정리수납 전문가라는 직업을 접한 것을 나의 인생을 바꾸는 계기가 되었다. 나는 하루도 쉬지 않고 집을 정리하기 시작했다. 영역을 나누고 수납 도구를 만들어 물건이 하나하나 정리될 때마다 사진으로 찍어 교재를 만들기 시작했다. 내가 처음 정리수납한 영역은 냉장고였다. 정리 바보가 냉장고를 정리해 놓고 전과 후를 비교해 보니 감동이었다. 내가 할 수 있다면 정리를 잘 못하는 사람도 전문가로 만들 수 있겠다는 자신감이 생겼다. 한국으로 돌아와 나는 본격적으로 정리수납 서비스 회사를 운영하고자 했으나 쉽지 않았다. 정리수납을 전문가에게 맡겨야 한다는 인식조차 없었던 시기였기 때문이다. 나는 10년을 넘게 준비해 2011년 한국정리수납협회를 설립했다. 정리수납에 대한 인식이 낮은 우리나라에서 체계적이고 표준화된 정리, 수납의 기술을 개발하고 교육과 훈련을 통해 전문가를 양성하는 것이 협회 설립 취지였다. 또한 전문 직업을 통해 개인의 삶의 질을 향상하고 신규 직종을 개발, 일자리 창출 및 확대를 하는 것이 나의 목표였다. 회사를 설립한 것이 아니라 협회를 설립할 수밖에 없었던 이유는 서비스를 제공할 정리수납 전문가 양성이 우선이라 생각했기 때문이다.

정리수납 전문가는 가정이나 기업 같은 특정 공간의 간단한 정리수납을 비롯해 공간의 디자인, 설치, 가구 배치 등으로 환경을 정리하는 일을 한다. 대부분의 모든 전문가들이 자신의 자격을 인정받는 자격증을 가지고 있는 것처럼 정리=수납의 전문가들도 자격증을 가지고 있다. 한국정리수납협회에서는 성공적인 자기계발과 전문성 획득을 위해 정리수납 자격증을 취득할 수 있도록 도와준다. 정리수납 전문가는 2급, 1급, 강사 자격증으로 단계를 나누어 취득할 수 있게 하고 있다. 보통 2급 과정은 정리의 개념과 기본 원칙을 통해 생각을 정리하고 정리수납의 방법과 아이디어를 응용하여 우리 집에 맞는 정리수납을 할 수 있도록 프로그램화되어 있다. 2급이 우리 집을 내가 혼자 정리할 수 있게 하는 교육 프로그램이라면 1급은 고객을 대상으로 정리수납 서비스를 제공할 수 있는 프로그램으로 구성되어 있다. 강사 과정은 2급 강사, 1급 강사, 현장실습 강사로 세분화되어 있다. 자격증을 취득한 사람은 인턴, 팀원, 팀장으로 활동할 수 있고 정리수납 전문가를 양성하는 강사로도 활동할 수 있다. 현재 약 30,000명 정도가 정리수납 전문가로, 약 400명의 강사가 교육을 수료했고 전국 900여 곳의 기관에서 강사들이 활동하고 있다. 2015년 4월 중국에 있는 35년 된 수납용품 제조회사에서 한국의 정리수납 전문가 양성 프로그램과 정리수납 서비스 시스템 그리고 콩알 봉사단 운영을 도입하고 싶다는 요청이 있었다. 한국의 정리수납 시스템을 직접 만나 보고 결정하겠다고 하여 중국을 방문했다. 올해 상장을 준비하고 있는 건실한 회사로 그 회사 대표는 한국과 중국은 다른 나라가 아닌 다른 지역이라고 봐도 된다며 한국 내에서도 문화의 차이가 있듯이 한국과 중국은 조금 다른 문화를 가지고 있을 뿐이라고 했다. 한국에서 정리수납의 필요성을 느끼듯이 중국도 정리수납이 절실히 필요할 때라고 확신하고 있었다. 이제 한국의 정리수납 시스템이 중국에 진출할 날도 머지않은 것 같다.

　이렇게 정리수납의 전문가가 되려고 한다면 7가지 능력이 필요하다. 첫 번째는 다양한 물건을 종류별로 구분하고 공간별로 나눌 수 있는 '섬세한 감각과 손재주'이다. 다양한 재질과 종류의 물건을 다루는 만큼 정교한 감각은 반드시 필요하다. 두 번째는 '공간에 대한 이해와 활용 능력'이다. 생활용품 및 수납 가구를 사용하기 편하도록 다시 배치해야 하기 때문에 공간에 대한 충분한 이해 능력이 필요하다. 이어서 세 번째는 '생활 인테리어 감각'이다. 생활의 질을 한껏 높일 수 있는 감각을 가지고 있으면 정리수납 전문가로 활동하는 것이 훨씬 수월하다. 네 번째로는 '고객의 생활 패턴 및 습관 등을 분석하고 파악할 수 있는 능력'이 요구된다. 만약 전문적으로 자신의 능력을 펼쳐서 경제활동까지 하고자 한다면 이 능력은 반드시 필요하다. 나를 위한 정리가 아니라 고객을 위한 정리를 해야 하기 때문이다. 다섯 번째로 '체력과 인내력'이 중요하다. 공간을 정리, 수납, 청소하는 과정은 지속적인 육체노동을 필요로 한다. 따라서 체력과 인내가 요구된다. 여섯 번째는 '협동심'이다. 정리수납의 활동은 팀으로 하는 경우가 많으므로 함께 힘을 모아 일하는 협동심이 필요하다. 마지막으로 가장 중요한 능력은 무엇보다 '정리, 수납, 청소하는 일 자체를 좋아하고 즐기는 것'이다. 좋아하지 않는 일을 하면서 행복할 수 없고, 즐기지 않는 일을 하면서 실력이 느는 것은 기대하기 어렵기 때문이다. 정리수납의 전문가가 되려면 무엇보다 버림, 채움, 나눔을 통해 환경을 변화시키는 일을 좋아해야 한다. 《논어》에서 공자도 말했듯이 아는 사람은 그것을 좋아하는 사람만 못하고, 좋아하는 사람은 즐기는 사람만 못한 법이다.

정리 컨설턴트란

정리수납 전문가는 정리 컨설턴트와 수납 컨설턴트로 구분된다. 전문가로서 정리 컨설턴트가 되는 사람은 정리 진단 서비스를 해주는 사람을 말한다. "저희 집은 왜 정리가 안 되는 걸까요?", "우리 사무실에서는 왜 일할 마음이 들지 않을까요?"와 같은 고민을 가진 사람들에게 답을 해주는 전문가이다. 정리 컨설턴트는 그들의 공간을 보고, 1:1 맞춤 컨설팅 서비스를 수행한다. 사람을 만나고 그들의 고민을 해결해주는 일을 하기 때문에 정리 컨설턴트는 호감형 이미지를 가진 사람이 적합하다. 말을 할 때는 지나치게 사무적이거나 딱딱한 말씨보다는 따뜻하고 친절한 말씨가 좋으며, 단정하고 바른 옷차림과 머리 모양에도 신경을 써야 한다. 그리고 사람을 대할 때는 신뢰감을 줄 수 있는 태도를 보이는 게 중요하다. 정리 컨설턴트의 주 업무는 전화 상담, 견적 제안, 계약을 통해 고객의 요구 사항을 파악하고 고객의 가족 구성원에 맞는 정리 컨설팅을 한다. 정리 컨설턴트의 경우 미국에서는 이미 2004년 「U.S News & World Report」지에 미래 유망 직업으로 선정되었고 다양한 전문가들이 실제 현장에서 열정적으로 활동을 하고 있다. 미국이나 캐나다, 일본과 같은 선진국에서는 정리 컨설턴트가 이미 전문 직종으로 자리 잡았다.

뒤늦긴 했지만 우리나라에서도 정리와 수납에 대한 전문가가 주부 재취업 도전 직업 60개 중 하나로 선정되어 자리 잡고 있다. 우리나라에서도 정리와 수납에 대한 관심이 늘어나면서 정리수납 전문가들을 필요로 하게 되었고 그에 따라 본격적으로 활동하기 시작한 것이다. 사실 우리나라도 최근 많은 가정에서 여성의 사회 활동이 늘어나면서 가사 노동을 할 시간이 부족해졌다. 또한 홈쇼핑, 인터넷쇼핑, 대형마트의 용이한 접근성 등으로 인해 넘쳐나는 물건들로 혼란을 겪고 있기도 하다. 이로 인해 점점 더 많은 고객들이 깔끔한 주거 환경과 편리한 생활 환경을 만들고자 정리와 수납의 필요성을 느끼고 있는 것이다. 물론 아직도 "무슨 정리하고 수납하는 데 전문가가 필요해? 그냥 각자 집에서 하면 되지"라는 부정적인 시각을 가진 사람도 있다. 처음 포장이사 서비스가 선보였을 때도 많은 사람들은 부정적인 시각으로 바라봤다. 그러나 이제는 '이사=포장이사'라는 공식이 일반적인 것이 되었다. 이렇게 정리 컨설턴트라는 직업도 포장이사처럼 보편화될 것으로 본다. 내 시간과 노동력도 돈이기 때문이다. 스스로 잘하는 일을 하고 정리수납은 전문가에게 맡길 때가 된 것이다.

수납 컨설턴트란

직업이란 있던 직업도 필요 없으면 없어지게 되고 없던 직업도 필요에 의해 새롭게 만들어지게 마련이다. 예전에 있던 버스 안내양, 엘리베이터 걸 등은 이제 찾아보기 어렵다. 한편 컴퓨터 프로그래머, 게임 전문가, 정리수납 전문가와 같이 새롭게 생겨나는 직업도 있다. 2015년 한국고용정보원의 '한국직업사전'에 정리수납 전문가라는 직업이 등록 확정되어 공식적인 직업으로 인정받을 수 있게 되었다. 1년 전 고용노동부에서 신규 직업으로 확정되었다는 전화를 받고 인터뷰를 하면서 10년 동안 노력한 대가가 헛되지 않았다는 생각에 눈시울이 촉촉해지기도 했었다. 그만큼 정리와 수납에 대한 필요와 관심이 높아진 것을 반증한다. 사실 우리가 가지고 있는 물건 중 꼭 필요한 것은 20%에 불과하다. 내가 사용할 수 있는 공간이 아주 넓지 않다면 꼭 필요한 20%의 물건으로 더 넓고 쾌적하게 사는 것이 중요하다. 수납 전문가는 바로 이런 일을 하는 사람들이다.

정리 컨설턴트기 정리에 어떤 고민이 있는지를 듣고 가장 좋은 방법을 제시해주는 사람이라면, 수납 컨설턴트는 견적서, 계약서, 작업 계획서에 의해 시스템 정리수납 컨설팅 서비스를 수행하는 사람이다. 실제적으로 정리하고 수납하는 일을 해야 하기 때문에 공간 감각이 있어야 하고 맡은 시간 내에 일을 해 내는 책임감이 요구된다. 또한 물건 관리와 시간 관리에 대한 의식 변화를 위한 상담자이며 편리한 생활을 할 수 있도록 도와주는 조력자이자 주거 환경 관리자, 정리수납 지원자, 유용한 정보를 제공하는 정보 제공자 역할을 해야 한다. 단지 잘 정리하고 수납하는 데에서 끝나는 것이 아니라 앞으로 바르게 정리하고 수납할 수 있도록 도와주어야 한다는 말이다.

현재 정리수납 전문 업체가 늘어나고 있다. 정리수납 전문가들에게 참 좋은 일이다. 일자리가 많이 생긴다는 의미도 되니까 말이다. 정리수납은 시간과 비용을 줄이는 효과가 있고 공간을 효율적으로 활용할 수 있게 만들어주며 가족 구성원의 가사업무를 분담하는 기능을 한다. 원활한 가정생활은 물론 바람직한 사회생활을 위해서 바른 정리와 수납은 중요하며 전문적인 교육을 통해 배운 정리수납 전문가가 절실히 필요한 때이다.

> **TIP**
>
> ### 한국정리수납협회(KAPO)
>
> 한국정리수납협회(www.kapo100.org)는 2011년에 체계적이고 표준화된 정리와 수납 기술을 개발하고 교육과 훈련을 통한 정리수납 전문가를 양성하고자 설립되었다. 개인의 삶의 질을 향상시키는 것은 물론, 신규 직종을 개발하고 일자리를 창출하고 확대하는 데 기여하고 있다. 또한 수납 전문가, 가정관리사, 방과후 정리지도사 자격증을 발급하고 있다.
>
> 한국정리수납협회 설립 취지
> 1. 전업 주부들이 하던 일을 전문화한 생활 밀착형 업무를 제안한다.
> 2. 체계적이고 표준화된 정리수납 시스템을 개발한다.
> 3. 교육과 훈련을 통한 정리수납 전문가를 양성한다.
> 4. 신규 직종과 주부를 위한 일자리를 창출한다.
> 5. 봉사단 '콩알' 운영으로 사회에 기여한다.

Epilogue

우리나라에는 약 11,440개의 직업이 있다. 이 많은 직업 중에 나에게는 어떤 직업이 적합할까? 어떤 직업을 선택해야 성공할 수 있을까? 고민하는 사람이 있다면 정리수납 전문가에 도전해 보기를 권한다. 어떻게 해야 정리수납 전문가가 될 수 있을까? 정리수납에 대한 사업적 비전을 가지고 식지 않을 열정, 배우려는 마음, 도전 정신으로 포기하지 않으면 된다. 정리수납 컨설팅 회사를 창업하고자 상담하러 찾아오는 예비 창업자들이 많다.

"이 사업하면 성공할 수 있나요? 이 사업에 비전이 있나요?" 이런 질문은 주방장에게 "음식이 맛있나요?"라고 물어보는 것과 같다. 이 질문에 대한 답을 할 때 나는 어떻게 대답을 해줘야 할지 고민을 한 적도 있지만 지금은 이렇게 대답한다. "사업의 비전은 남이 주는 것이 아니라 스스로 찾아 믿는 것입니다"라고 말이다. 정리수납에 대한 비전에 대한 확신이 섰을 때 사업을 어떻게 해야 하는지를 물어보았음 한다. 다른 사람의 비전이 있다는 말만 듣고 직업을 선택하거나 사업을 시작할 수는 없다. 나의 경우를 보면 단순히 성공이라는 개념보다는 10년 전 내가 한국에서 처음 정리수납을 시작했을 때보다 빠른 속도로 성장하고 있는 것은 확실하다.

2015년 3월 전주기전대학교에서 신입생 800여명을 대상으로 정리수납을 강의했고 가천대학교 경영학과 학생들에게 정리수납 전문가라는 직업에 대해 특강을 했다. 학생들은 기존에 성공한 직업을 가지고 창업을 해도 성공하기란 쉽지 않은데 어떻게 없는 직업을 만들 수 있는지에 대해 신기해했다. 하지만 정리수납 전문가라는 직업은 우리나라에 없는 직업이었을 뿐이지 외국에서는 이미 일반화된 직업이었기 때문에 그렇게 새롭다고 보기도 어렵다. 단지 나는 그 직업을 표준화하고 체계화하여 많은 사람들이 배우고 익혀 자기 공간을 정리하게 하고 전문인으로 성장하게 도와주었을 뿐이다.

본문 마지막 챕터에서 정리수납 전문가가 되기 위한 능력 및 자질에 대해 말했지만 사실 대단한 능력이 없다고 해도 정리수납 전문가가 되는 것은 어렵지 않다. 정리수납을 잘 못한다고 해서 미리 포기할 필요도 없다. 우리는 어려서부터 물건의 용도와 그 물건을 어떻게 다루어야 하는 것쯤은 익히 알고 있기 때문에 생각보다 잘한다는 것을 얼마 지나지 않아 느끼게 될 것이다. 무엇보다 입문이 중요하다. 꼭 전문가로서가 아닌 내 공간과 주변 환경을 단순화하고 효율을 높이고자 한다면 시작해 보기 바란다.

정리수납의 중요성은 세대별 가구의 형태가 달라지면서 더 부각되는 직업이기도 하다. 2012년 전국 1인 가구 수는 2,000만이 넘었고 몇 년 사이 1~2인 가구가 큰 폭으로 늘어난 데다 부동산 경기 침체로 대형보다 중소형 면적을 선호하는 '주거 다운사이징(Downsizing)' 분위기가 확산되고 있다. 이는 좁은 공간을 효율적으로 쓰려는 수요가 급격히 증가하고 있다는 것이다. 우리나라에서 요즘 성장하고 있는 수납용품 업체의 매출만 보더라도 정리수납의 필요성은 입증된 셈이기도 하다. 맞벌이 부부의 증가, 1인 가구, 독거노인 증가 등의 사회 변화에 따라 시간이 부족한 사람들이 많아지고 집에 머물러 가사 업무에 신경 쓸 여유가 없어지기 시작했다. 경제적 이유로 이사를 가족과 친구를 불러 했던 때도 있고, 내 아이는 내가 키워야 한다며 슈퍼우먼의 역할을 톡톡히 해 냈던 때도 있었다. 하지만 지금은 시대가 변하고 있다. 이사 업체에 연락만 하면 포장에서 운송, 정리까지 해주고, 육아 휴직이 끝나고 나면 바로 아이를 어린이집에 맡기는 것이 이제는 그리 이상하게 느껴지지 않는다. 정리수납도 마찬가지다. 내 물건은 내가 정리해야 한다는 생각보다 시간과 노동력을 아낄 수 있다면 전문가에게 맡기는 것이 더 현명하다고 생각하는 사람이 늘어나고 있다.

20세기 후반 미국과 유럽의 여러 나라에서 시작된 직업이다 보니 외국에서는 이미 정리 컨설팅에 대한 시장 형성과 직업적 인식이 확립된 상태다. 미국의 글로벌 리서치 회사 더 프리도니아 그룹(The Freedonia Group)에 따르면, 정리 컨설팅 산업은 연간 약 10억 달러 규모의 매출을 보이고, 수납 도구 관련 매출은 연간 76억 달러에 달한다고 한다. 우리나라에서도 수납용품 업체가 증가하고 있고 정리수납 전문가 자격증 취득자들이 빠른 속도로 증가하고 있다.

정리수납 전문가를 채용하려고 하는 업체도 늘고 있다. 일반 가정에서는 물론이고 인테리어, 포장이사, 하우스클리닝 업체에서 이제는 정리수납 전문가를 필요로 하고 있다. 인테리어만, 포장이사만 잘 해준다고 해서 고객의 만족도가 높아지지 않는다. 이제는 이 사업체도 고객의 서비스 만족도를 높이기 위해서는 정리수납 서비스까지 완벽하게 해줘야 한다는 것이다. 가구 회사인 ㈜일룸에서는 새 가구를 디자인하기 전에 효율적이고 스마트한 옷장의 기능에 대해 컨설팅을 의뢰했다. 컨설팅을 진행하면서 가구 회사에서 가구만 잘 만드는 것이 아니라 가구를 구입한 고객에게 옷장 정리, 책장 정리, 주방 수납장 정리까지 서비스를 하게 된다면 가구의 매출이 증가할 것이라고 확신한다. 따라서 가구 회사, 가전제품 회사, 공장의 부품 정리에도 매장의 물품 정리수납에도 정리수납 전문가가 필요하다. 또한 사회복지사, 보육교사, 요양보호사, 산모도우미, 베이비시터 등 케어 서비스를 제공하는 전문가들에게 반드시 필요한 교육이며 남녀노소를 불문하고 정리수납에 절실히 필요한 교육이다. 정리수납 전문가라는 직업이 우리나라에서 초기 단계인 것을 감안하면 이제 시작해도 늦지 않다고 본다. 정리수납 전문가에서 창업까지도 도전해 보기 바란다.

대니얼 J. 레비틴의《정리하는 뇌》에서 우리 뇌는 범주를 일반적으로 3가지 방식으로 구분한다고 한다. 첫째, 전체적 외양, 혹은 세부적 외양을 기반으로 범주를 만든다. 둘째, 사물의 겉모습에서 유사한 점을 찾을 수 없을 때 기능적 동등성을 기반으로 범주화한다. 셋째, 특정 상황을 기반으로 개념적 범주를 만들어 낸다는 것이다. 우리가 정리수납을 할 때 뇌 구조의 특성을 알게 되면 습관화하는 것은 생각보다 그리 어렵지 않을 수 있다. 전체적 외양과 세부적 외양을 기반으로 한다는 것은 토마토를 한 바구니 안에 담는 것은 전체적 외양에 따른 분류이고 세부적 분류에 따르면 방울토마토, 짭짭이토마토, 흑토마토로 구분할 수 있다. 기능적 동등성을 기반으로는 칫솔을 양치질하는 데 사용하기도 하고 청소하는 데 사용하기도 하다. 이때는 칫솔이 청소 도구와 같은 기능을 하게 되는 것이다. 모자, 선글라스, 카메라, 비행기 표 등의 구분은 물건끼리의 공통점은 없지만 여행할 때 필요한 물품으로 개념적 범주로 구분할 수 있다는 것이다. 뉴욕 워크지에 따르면 미국인들은 하루 평균 55분 동안을 보이지 않는 물건을 찾는데 사용한다고 한다. 그나마 물건을 찾았다면 다행이지만 찾지 못했을 경우에 부정적 에너지의 발생으로 내 생활과 사람과의 관계가 나빠질 수도 있다.

  정리수납은 버리는 것부터 시작이다. 하지만 버리기 전에 버려야 할 것과 버리지 말아야 할 것 등을 구분하여 범주화하는 것이 우선이다. 우리의 일상생활에서 보면 이불은 안방에 전자레인지는 주방에 놓는다. 그래서 이것들을 찾으려고 노력하거나 시간을 낭비할 필요가 없다. 범주화가 명확히 되어 있기 때문이다. 물건이 적을 때는 이 범주화도 쉽고 간단하다. 문제는 물건이 많아지면 많아질수록 어렵고 귀찮아진다는 것이다. 귀찮아서 이 범주화에 소홀히 한다면 나의 뇌는 더 많은 수고와 필요 이상의 기억을 찾아내야 하는 고통을 겪게 될 것이다.

  정리는 훈련이고 습관이다. 우리의 뇌는 전체 몸무게의 2% 밖에 안 되지만 전체 산소 소비량의 20%를 소비한다고 한다. 아기가 태어나 한 걸음 내딛을 때까지 1년이라는 시간이 걸린다. 그냥 기다리기만 한다고 알아서 걸을 수 있게 되는 것은 아니다. 뒤집기를 하고 앉고 기고 잡고 일어선 후에야 겨우 걸을 수 있게 된다. 이런 단계는 준비 운동을 통해 근육을 훈련시켜 걸을 수 있게 만드는 것이다. 정리도 마찬가지다. 책 한 권 읽었다고 해서 또는 TV에서 정리하는 프로그램을 봤다고 해서 우리 집이 정리되는 것은 아니다. 시간이 없는 사람은 시간만 생기면 정리할 수 있을 것 같고 방법을 모르는 사람은 방법만 알면 정리를 잘할 수 있을 것 같은 착각에서 벗어나 조금은 시간이 걸리더라도 우리의 뇌와 손이 정리하는 습관으로 단단해지도록 반복해 보자.

　세계적인 자동차기업 도요타와 일본의 종합 생활용품 브랜드 무인양품 MUJI는 '종이 한 장 원칙'이 있다. 모든 제안서는 무조건 A4 한 장으로 만들어야 한다는 것이다. 종이 낭비를 줄이기 위해서가 아니다. 제안서 내용이 많다고 좋은 것이 아니라는 것을 알고 있다는 것이다. 내 생각을 A4 한 장에 정리할 수 있다면 그 내용에 대해서는 충분히 고민한 결과 취할 것과 버려야 할 것을 알고 있다는 것이다. 내가 처음 골프를 배울 때 가장 많이 들었던 말이 '힘을 빼라'였다. 처음에는 그 얘기가 무슨 뜻인지 이해가 되지 않았다. 하지만 힘도 버려야 골프를 잘 칠 수 있다는 것을 경험한 후에는 나 스스로 힘을 빼려고 노력한다. 이기려면 버려야 한다. 무엇을 버리고, 무엇을 취할 것인지를 현명하게 판단하는 것이 우리의 삶을 편리하게 만들어줄 것이다.

　정리는 묘한 중독성이 있다. 정리수납이 잘 되어 있는 공간을 접하면 그 마력에 빠지게 된다. 편리함에 익숙해지면 내 생활 패턴이 바뀌고 주변 환경이 변하기 시작한다. 우리 삶의 환경을 살펴보면 대부분의 부모들은 자신을 돌보기보다 자식들을 위해 평생을 희생하며 살아오신 것으로도 부족하여 눈을 감을 때까지도 무언가를 조금이라도 더 남겨주지 못해 애를 태운다. 물질적으로 더 많이 남기지 못함을 미안하게 생각하는 시대는 지났다. 우리가 후손에게 남겨주어야 할 것이 반드시 물질적인 것만이 아니라는 것이다. 고기를 잡아주는 것보다는 고기 잡는 방법을 알려주는 것이 더 현명하고 값진 유산이 아닐까 싶다. 정리하는 습관을 유산으로 남겨주겠다는 사람을 들어보지는 못했다. 나는 이 책을 읽는 독자들에게 지금부터 내 자식에게 물려주려고 하는 목록에 정리 습관을 하나 더 추가하기를 권한다. 지금 내가 정리를 못하는 사람이어도 상관없다. 정리는 습관이기 때문에 지금부터 매일 10분씩 행동으로 옮기기만 하면 된다. 재산을 모으듯 정리 습관의 통장을 하나 만들기 바란다.

정리의 시작은 어릴수록 좋다. 정리는 과제가 아닌 그냥 일상생활이기 때문이다. 어려서부터 부모님의 생활 모습을 보고 자연스럽게 터득하는 것이다. 그렇다면 지금 내가 정리를 못한다고 손을 놓고 있을 문제가 아니다. 가정교육이란 가르치는 것이 아닌 보여주는 것으로 지금의 내 정리 습관이 몇 대에 걸쳐 전해질 소중한 유산인 것이다. 그래서 나는 아이들의 정리 습관에 관심이 많다. 어려서부터 생각 정리, 시간 정리, 공간 정리를 통해 아이들이 스스로 자기의 생활을 계획하고 실천할 수 있는 자기주도학습에 정리가 바탕이 되어야 한다고 생각한다. 그래서 현재 방과후정리지도사를 양성 중이다. 우리의 몸이 건강해야 하듯, 우리의 공간도 건강하게 바꿔보자. 공간의 변화, 생활의 변화, 인생의 변화를 원한다면 버림, 채움, 나눔의 실천으로 나를 버려라. 단순화된 새로운 삶의 길이 보일 것이다.